運を呼び込む

神様ごはん

開運料理人
ちこ

sanctuarybooks

運を呼び込む

神様ごはん

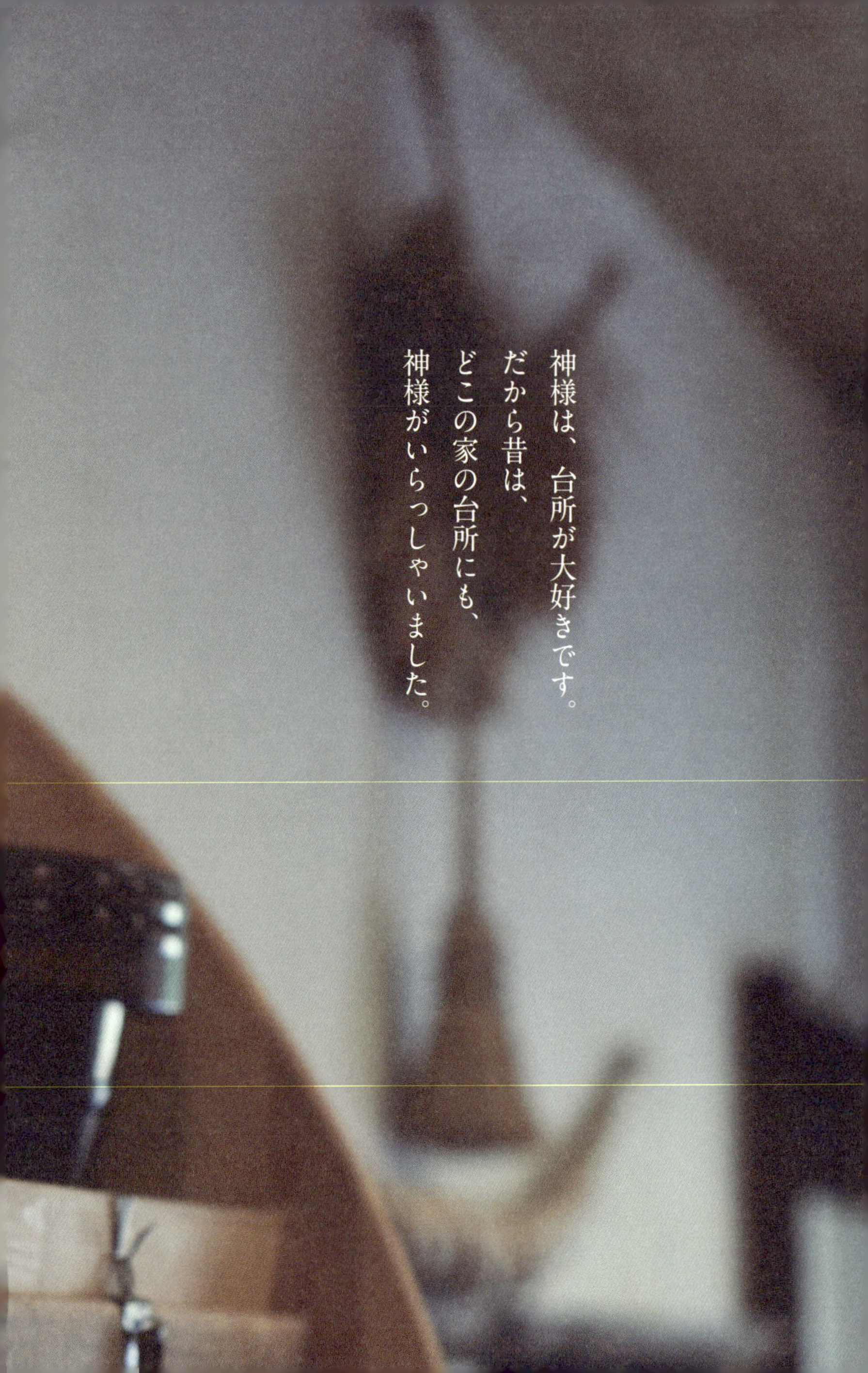

神様は、台所が大好きです。
だから昔は、
どこの家の台所にも、
神様がいらっしゃいました。

台所という場所は
いわば、家一軒一軒に存在する、
小さな神社のようなものなのです。

神様がいる台所。
そこでごはんを作りはじめると、
言葉では言い表せない、
自然と悩みが消えていくような、
凛とした気持ちになります。

そこで作ったごはんを食べると、
ちからがあふれてきて、
気持ちが明るい方へ、
新しい方へと、向いていきます。

それは「おなかがふくれた」とか、
「味がおいしい」というのとは
すこし違っていて、
なんとも心が満たされる、ごはんなのです。

台所に神様をお招きすることは
難しいことではありません。

やるべきことは、たった三つ、
一、台所を、神社のように見立てる
二、台所に入る前に、自分をお清めする
三、台所を、きれいに整理整頓する
たったこれだけです。

昔の日本人が、そうしていたように、
台所を〝神聖な領域〟だと思って、
そこを、
「家の中で、一番気持ちのいい空間」に変えればいい。

気持ちがいい、ということは、
そこには良い〝空気〟が流れています。

たとえ、同じ素材と、同じ調理法で
料理を作ったとしても、
作る場所や、作る人によって、
味も、食感も、
食べたときの気持ちも違うのは、
作る場所と、作る人が持っている
〝空気〟が違うから。

〝空気〟のちからによって、
ごはんは本来の味を発揮して、
「おいしくなる」だけではなく、
食べた人の心の中にある
〝空気〟の流れも変えるのです。

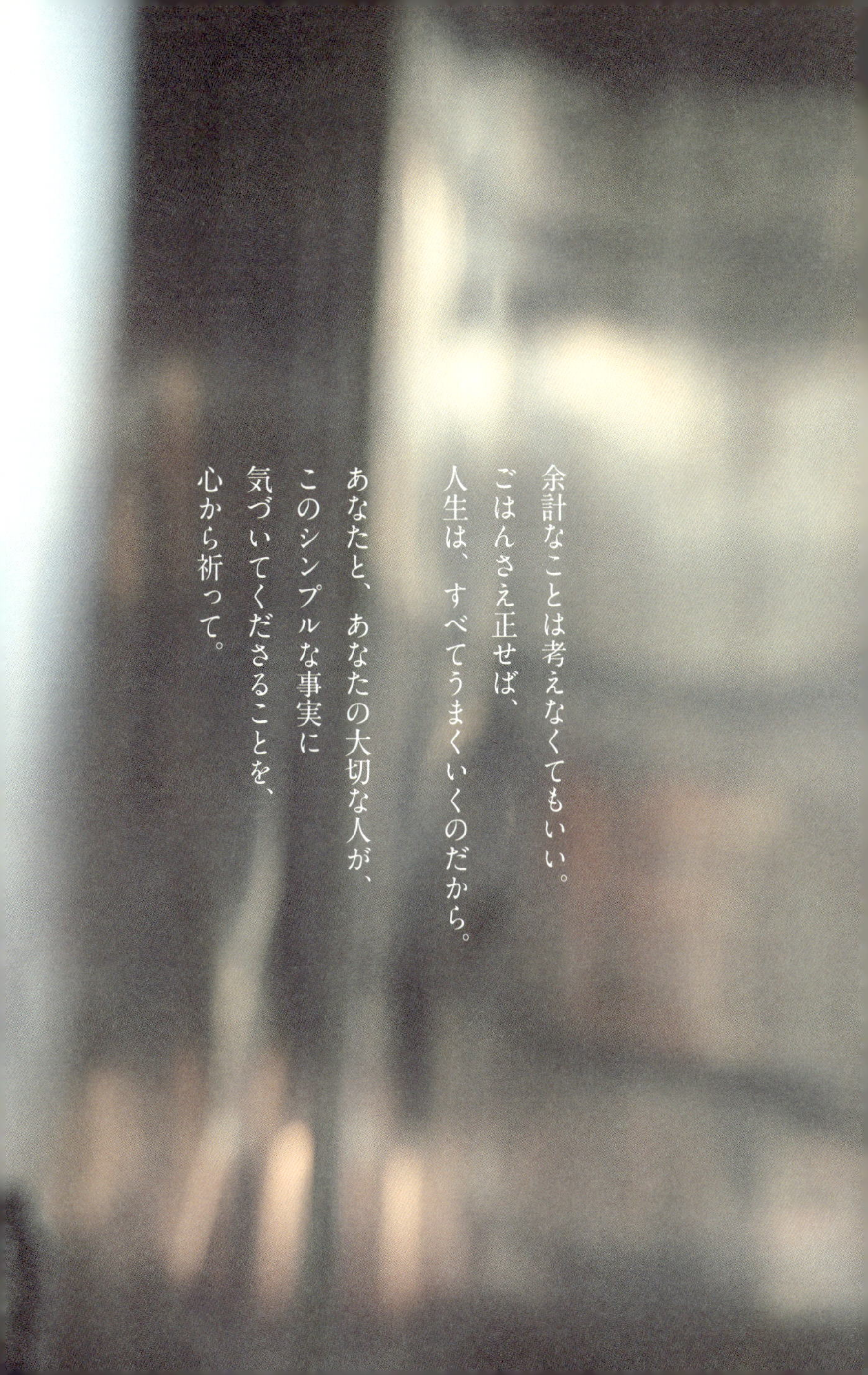

余計なことは考えなくてもいい。
ごはんさえ正せば、
人生は、すべてうまくいくのだから。

あなたと、あなたの大切な人が、
このシンプルな事実に
気づいてくださることを、
心から祈って。

はじめに

ごはんを変えるだけで、人生は変わる。

そういうと、おおげさだと思う人も多いでしょう。

でも、私の話を聞いてくださった方々からは、こんな声が毎日のように寄せられます。

「長年、すれ違いが続いていましたが、夫婦仲が急に良くなりました」
「心を患《わずら》っていましたが、ちゃんと働けるようになりました」
「不妊治療をしてもダメでしたが、ついに子宝《こだから》をさずかりました」
「仕事に自信が持てなかったのですが、最近、職場で活躍できるようになりました」
「学年最下位だったけど、第一志望に逆転合格できました」

はじめに断言しておきます。

ごはんと正しく向き合えば、ただ「味がおいしくなる」「健康的になる」だけではなく、人生全体の運が開けます。

なぜなら、ごはんは、人生そのもの。そして、ごはんの作り方と食べ方は、まさにその人の、生き方そのものだからです。

かくいう私も、ごはんに人生を変えられたひとりでした。

十二年前、十七歳の私は、不幸のどん底にいました。
信じていた友だちに裏切られ、大好きだった彼からも突然の別れを告げられ、アルバイト先では大失態を演じ、良かった成績も学年ビリを争うようになり、しまいにはストレスで顔中がニキビだらけ。大好きだったおしゃれをする気力もなくなり、表情からは、笑顔が完全に消えてしまいました。
今まで、ふつうにできていたことが、できなくなっていたのです。
家に帰ると、すぐ崩れるようにベッドにもぐりこみ、泣いて、目を赤く腫らしていました。

神様に見放されたかのような、ボロボロの私に、人生の転機が訪れます。

それは当時、通っていた塾の先生が握ってくれた、〝おむすび〟を食べたときでした。

なんの変哲《へんてつ》もない、具もない、海苔《のり》もない、塩おむすび。

しかし、見るからにおいしそうなオーラを放ち、光り輝いていました。


当時の私は、お米が嫌いでしたが、この〝塩おむすび〟だけは、ただのおむすびには見えなかったのです。


ひと口食べた瞬間、涙があふれてきました。

心からの「しあわせ……」を忘れていた。そのことに気づいたからです。

子どもの頃から培《つちか》ってきた、「これが人生の正解なんだ」という物の見方、考え方、感じ方が間違っていることに、それまで、自分でも気づくことができませんでした。

その呪いを、たったひとつの〝塩おむすび〟が解いてくれたのです。


毎日、そのおむすびを食べ続けているうちに、カラカラに乾いていた私の心は、いつしか、幸せいっぱいに満たされていたのでした。

「神様に捧《ささ》げる、米と塩と水。人間はたったこれだけで、こんなに幸せになれるんだよ」

そう言ってのける塾の先生は、もともと、世に聞こえた風水師でした。

それから私はまるで〝巫女《みこ》〟のように生きるようになりました。

巫女と言っても、ふつうの巫女ではありません。

巫女は神社で祈祷《きとう》をしたり、神楽《かぐら》を舞ったりするものですが、私の場合は、御食事《おしょくじ》処《どころ》でお客様にごはんをお作りしながら、神様にご奉仕する巫女です。

その御食事処の名前は、「御食事ゆにわ」と言います。

〝ゆにわ〟とは、古神道《こしんとう》の言葉で「お祭りのときに、神様をお迎えする場所」という意味です。

神様に捧げる気持ちで、食物をおそなえして、歌い、踊る。そんな楽しい場所になるよう祈りをこめて、拝借《はいしゃく》した名前です。

「ゆにわ」の店内は、まるで神社のような雰囲気なので、はじめて訪れるお客様は、不思議に思われるようです。

ところが後日、「おいしかったです」という感想に添《そ》えて、「悩んでいたことが消えました」とか「いつも家族の帰りが遅かったけど、自然に家族団らんできるようになりました」「全身の細胞がよみがえった気がします」「なぜかわからないけど、帰り道に涙がこぼれてきました」といった言葉をいただくことが多いのです。

そうしていつの間にか、ゆにわの料理は、お客様から親しみを込めて「いのちのごはん」と、呼んでいただけるようになりました。

「私も、いのちのごはんを作れるようになりたいです」というお声も頂戴します。そのたびに、私はいつもうれしく思います。

いのちのごはんの作り方をお伝えすることは、まさに、神様がお与えくださった使命だと思っているからです。

いのちのごはんは、誰にでも作れます。

料理の腕は、関係ありません。特別な食材も、必要ありません。

大事なことは、台所を「神聖な場所」だととらえて、自分自身が、ごはんを作りたくてたまらなくなるような環境に変えること。

そうすると、自分が発する〝空気〟が、自然とやさしくなります。

〝空気〟にはふだんの心持ちや、おこないが表現されているものですが、やさしい〝空気〟を持つ人が作るごはんは、食べた人の〝空気〟も、やさしいものにします。

やさしい〝空気〟は、うつり、伝わり、またまわりの人たちも巻き込んでいきます。

たったそれだけのシンプルなことなんです。


ごはんの作り方と食べ方を変えると、人生が輝いていきます。

そして、あなただけではなく、あなたの大切な人たちの人生も、次々と好転していくのを感じていただけるでしょう。

ひとりでも多くの人が神様に愛され、新しい人生をはじめられますように。

大阪府枚方《ひらかた》市の楠葉《くずは》という小さな町から、毎日お祈りしています。

運を呼び込む

神様ごはん　目次

ごはんに［運］を呼び込むために

01

神棚を作ってみる。

朝は、お米、お酒、お塩、お水を神棚にお供《そな》えすることからはじまります。

もちろん、お下げしたお供え物は、ご神徳《しんとく》（神様のめぐみ）をいただくために、また日頃のご加護《かご》（神様の守り、助け）に感謝しつつ、慎《つつし》んでいただいています。

お榊《さかき》は、つねにみずみずしいものを飾り、毎日、お水を取り替《か》えています。

「今日も、素晴らしい一日でありますように……」

神棚の前で祈りながら、最高に幸せな自分をイメージして、台所に入る。

〝良い予感〟を持つための、儀式みたいなものです。

神道では、神様をお迎えするときに「祝詞《のりと》」を奏上《そうじょう》（神様に申し上げること）します。

祝詞とは、こんな表現をするとバチが当たりそうですが、わかりやすく言うと「神様をその気にさせる」歌です。

「神様、愛しています。だから今日も一日、どうぞよろしくお願いします」という具合です。

祝詞の中で、私が一番好きな言葉は「高天原《たかあまはら》に、かむづまります」というものです。

高天原は、宇宙、太陽、地球、人間、物質すべてを生み出す空間。意識も、エネルギーもいっぱいに満ちています。

「高天原に、かむづまります」は、「〝今、ここ〟にすべてある」または「〝今、ここ〟にすべての神様がいらっしゃる」という意味なのです。

神様は、神社やパワースポットといった、特別な場所だけにいらっしゃるわけではありません。

別に、神棚がなくたっていい。

「ここは神聖で特別な場所」と見立てて、そのように扱ったならば、そこが神様の降りる場所となるのです。

朝起きたら、その場所をきれいに掃除して、朝の新鮮なお水を入れたコップを置いてください。

そして手を合わせて神様をお迎えし、いい一日を過ごせる予感をいっぱいにしてみましょう。

神社に参拝する気持ちで、
台所に足を踏み入れよう。

ごはんに「運」を呼び込むために 02

冷蔵庫の中をリセットしてみる。

冷蔵庫の中身は、ちゃんと管理できていますか？

台所の神様は、食材を無駄にしてしまうことを、とても嫌います。

冷蔵庫に入れられたまま忘れられ、結局は食べられずに捨てられてしまう……。


せっかくの、いのちが活かされることなく、葬《ほうむ》り去られてしまったら、食材も辛《つら》くて仕方ないでしょう。そんな悲しい想いが残った冷蔵庫に食材を入れたら、エネルギーが奪われ、傷みやすくなってしまいます。

どんな食材も、自分のいのちをまっとうしたい、と思っています。

食材を活かしきり、おいしく食べてあげられるよう、まずは冷蔵庫の管理をしましょう。

冷蔵庫を開けずとも、だいたい何がどこにあるのか、いつまでに使ったほうがいいのかを把握《はあく》して、使いやすいように整理します。

また、冷蔵庫の中身は〝無意識〟を表わす、と言われています。

冷蔵庫の中身がゴチャゴチャとしていたら、自分の〝無意識〟も乱れている、ということ。

つまり冷蔵庫をキレイにしたら、自分の〝無意識〟もクリーニングされ、スッキリとした気分になるということです。

冷蔵庫は使っていくうちに、中途半端に余った具材がでてしまったりと、どうしてもいろいろと溜《た》まってしまうものですよね。

そこで、定期的に冷蔵庫のリセットをする日を作ります。

早く使ったほうがいい食材を、一気に食べきり、冷蔵庫をスッキリさせるのです。

そうやって、冷蔵庫にスペースができたら、新鮮な食材が入ります。

冷蔵庫のリセットは、新しい食材をお迎えする準備でもあるのです。
すると不思議なことに、いい食材との出会いに、恵まれるようになります。

冷蔵庫をスッキリさせていると、
新鮮で、いい食材とめぐり合える。

ごはんに「運」を呼び込むために 03

お箸を変えてみる。

昔の人は、食事をするときに、こう言いました。

「天地《あまつち》の恵み　箸《はし》を高く捧《ささ》げて　いただきます」


これが「いただきます」の正式な言葉です。

〝箸を高く捧げて〟とあるように、お箸には人と神様をつなぐ〝橋渡《はしわた》し〟の役割がありました。


お箸という名前は、「端《はし》」からきていて、両端のうち、口に運ぶ先は人が使い、もう片方の先は神様が使うもの、という言い伝えがあります。

おせち料理のときに使う「祝い箸」が、両端とも細くなっているのは、その名残《なごり》。

お箸はまさに神具《しんぐ》で、手によくなじんだお箸を使えば、自然に心持ちと所作《しょさ》が変わります。

お箸は、神様と一緒に使うものです。

神様と一緒にごはんを頂いている。そう思うと、自然と慎《つつし》み深い気持ちになり、ごはんへの向き合い方も変わるものです。

小皿に取り分けるときも、「神様にかわってお分けする」という気持ちになります。

私は、竹でできたお箸を愛用していますが、良いお箸は、まるで体の一部になったかのような一体感があり、直感が働くようになります。

昔、人間は、食べ物を手づかみで食べていました。

いまでも、素手で食べると、食べ物の味がより鮮明にわかりますが、昔は手がセンサーの役目を果たしていたのだそうです。つまり、手にしたものが毒じゃないか、傷《いた》んでいないかを、手から直《じか》に感じ取ることができたのです。

良いお箸を使うと、そんな「素手の感覚」に近づけます。

良いお箸とは、まるで体の一部になったような、自分の手と口にしっくりくるお箸です。

そういうお箸を使っていると、より繊細な味がわかるだけでなく、体に負担をかけるものを食べ過ぎなくなります。良いお箸は、悪いものを遠ざけてくれるようです。

しっくりくるお箸を使えば、
感じることも、味わうこともできる。

ごはんに「運」を呼び込むために 04

立てる音を〝音楽〟にしてみる。

耳をすましてみると案外、がちゃがちゃ、どたどた……と、無意識に発せられている音が多いものです。

自分が出している〝音〟は、自分の心の〝音〟そのものです。

あれこれ考え事をしていたら、その波動が〝音〟にうつります。

そして、その〝音〟が空間の雑音《ノイズ》になって、人や物や料理から、エネルギーを奪うのです。

自分の発する音を意識しましょう。

自分が立てる音に集中すれば、心のおしゃべりが止《や》み、自然と心が落ち着いていきます。

ただ、それはあらゆる〝音〟に対して神経質になれ、ということではありません。

むしろ、その逆です。

たとえば、ドアを強く閉めてしまったとき。

「バーン」(迷惑だったかも……)と気に病むのではなく、「バーン」(ドアの音がした)と、ただ認識するだけでいいのです。

心のおしゃべりが止まず、目の前のことに集中できないときは、ぜひ自分の出す〝音〟に、意識を集中させてください。

歩く音、座る音、ごはんを咀嚼《そしゃく》する音、ほうきで掃《は》く音、食器を洗う音、ドアを開け閉めする音、パソコンのキーを叩く音……。

自分の一つひとつの動きを意識して、動作をていねいにしてみると、それだけで自分が立てる〝音〟が変わってきます。

さらに相手を思いやり、場を思いやる気持ちを持つと、音は耳心地の良いものに変わります。あなたがそこにいるだけで、まるで、美しい音楽が奏《かな》でられているように、聞こえてくるのです。

音に気を使う人の所作は、
自然と美しくなる。

ごはんに「運」を呼び込むために

05

道具を入れ替えてみる。

もっと手早く、おいしく料理を作りたい。

そう思って暮らしていると、やがて頭を悩ませるようになるのが、調理道具の問題です。

「これは使い勝手がよさそう」と思って買い足していくと、道具がどんどん増えていってしまいます。

コップに入る水の量と同じように、空間にも許容量《キャパシティ》があります。モノがある一定量を超えてしまうと、そこから空間の波動が下がり、どこから手をつけていいのかわからない状態になってしまうのです。

なので私は、モノが一つ増えるたびに、空間の〝ご機嫌《きげん》〟を損《そこ》ねないように、整理整頓をしています。

一つ入ったら、一つ出す。

料理をしながら道具一つひとつに意識を向け、「これ、もうここでは使わない？」「そろそろ替えどきかな？」と問いかけ、いるか、いらないか、処分するか、他で使うか、ここに置いておくか、倉庫に片付けるか、を判断していきます。

そうやって循環させていくことで、道具たちがどんどん洗練され、台所の完成度が上がっていくのです。

はじめから、丈夫で長持ちする〝一生モノ〟の道具だけを、目利《めき》きする必要はありません。

〝一生モノ〟と出会うために、あえて〝卒業〟を前提に使う道具も必要だと思います。

たとえば私の場合、ゆにわをオープンさせる直前、従業員みんなが使うフライパンをどれにするかで悩みました。

いきなり良いフライパンを買う、という手もあったのですが、あえてそうせず、安いフッ素樹脂加工のフライパンをたくさん買って、オムレツ、厚焼き卵、炒めものなど料理のジャンルごとに使い分けるようにしたのです。道具に気を取られることなく、料理を作ることに全神経を注ぎたかったからです。

安いフライパンが、ぼろぼろになるまで練習して、だいぶうまくなったな、という頃合いを見はからって、丈夫な鉄のフライパンに買い替えました。


一般的には、鉄のフライパンは、サビやすいし、焦げやすいと思われています。ただ、使い慣れていれば「油がフライパンの表面を煙をあげながら、サラーッと走るぐらいまで加熱してから調理すれば、焦げにくい」「フライパンが熱いうちに、ステンレスたわしでゴシゴシ水洗いすれば、汚れはきれいに取れる」「鉄表面の油膜がはがれるから、洗うときに洗剤（石鹸《せっけん》）は使わない方がいい」ことがわかります。

そして、やっぱりフッ素樹脂加工のものよりも、はるかに良いものです。

それも、道具と一緒に自分も成長したからこそ、身をもってわかったことなのです。

まずは、手軽な道具を使って、だんだんと上達していくに従って、道具を良いものに買い替えていく。

その時々で、良いと思ったものを買い、しばらくしたら卒業させて、また探し、感性のアンテナに引っかかったものを選ぶ。

そういうくり返しの中から、はじめて「自分にとっての〝一生モノ〟」と出会える日がやってくるのです。

今の自分に合った道具を使う。

ごはんに「運」を呼び込むために

06

朝起きたら、太陽の光を食べてみる。

その日が、どんな一日になるかは、朝で決まります。
朝はそのくらい、とても大事な時間です。

私は、毎朝お祈りをして、太陽の光を取り入れる儀式をします。

「本日も、神様の御用《ごよう》にお仕えさせていただき、ありがとうございます。
本日、出会うすべての方々に、幸せになっていただけますように。
良かったことも、悪かったこともすべて、
自分にとっても、相手にとっても、プラスになりますように。
学びになりますように。成長できますように。徳が積《つ》めますように。

はた（※）を楽にできますように。

結果は、ぜんぶ神様におまかせいたします」

※〝はた〟＝他者のこと。「働く」の語源は「傍（はた）を楽にする」だとも言われている。

と唱《とな》え終えたら、窓から昇《のぼ》る太陽に向かって、大きく口をあけて、その朝の光をパクッと食べます。

そして、太陽の光が身体中に広がり、全身が輝くようなイメージをするのです。

その光が一日の活力源となり、良いスタートを切ることができます。


**はじめよければ、おわりよし。

朝一番の祈りが、一日を決める。**

ごはんに「運」を呼び込むために

07

あとで、をなくしてみる。

料理のあとにしよう。食事のあとにしよう。おなかが落ち着いたあとにしよう。
そんなふうに何事も、「あとで」にするのは、できるかぎりやめましょう。

人は、ものごとを先送りにすればするほど、「まとめてやればいいや」とか「面倒くさいな」などと、言い訳やネガティブな感情が出てきてしまうものだからです。
そして、時間が経《た》てば経つほど、どんどんやる気をなくして結局は、「何もできませんでした」なんてことにも、なりかねません。

大事なのは「すぐに」行動すること。
時間差をなくすことで、余計な思考や雑念が入らず、効率も断然、上がります。

これは、料理中にも言えることです。

「あとで、まとめて片づけよう」とすると、あっという間に台所が汚れてしまいます。台所が汚れて、ゴチャゴチャとしていたら、気も散ってしまうし、料理もスムーズに作れません。

台所で、特に汚れやすいのがコンロまわり、調味料まわりですが、ついそのままにしてしまいがちなポイントでもあります。

料理と食事が終わってから、食器の片づけもあるのに、コンロも調味料も……となると、つい後回しにして、結局、放置してしまいます。

なので私は、料理の合間に拭《ふ》く、ということを徹底しています。料理には、必ず手があくときがあります。その時に、すかさず拭く。手が自動的に動くまで、「拭く習慣」を板につけるのです。

料理と片づけはつねにセットです。料理が終わったときに、一緒に片づけも終わっている、というイメージで素早く行っていきます。

・使わないものはすぐに片づける

・汚れたら、すぐに拭き掃除をする

空間をいつもスッキリと心地よく保てるよう、〝すぐに〟リセットしていく。

そんな姿勢も、いのちのごはんを作る上で大事なことなのです。

汚れたらすぐに拭く。
使ったらすぐにしまう。

ごはんに「運」を呼び込むために

08

流し台《シンク》の汚れを落としてみる。

言霊《ことだま》として解釈すると、「流し台《シンク》」と「思考《シンク》」は、連動しているように思います。
料理をしていて、「何か調子が狂うな……」というときは、たいてい流し台《シンク》が乱れているからです。

なので、流し台《シンク》にはモノが置かれたままにならないよう、意識しています。
ただなにもない、空っぽの状態にするだけではなく、ひまを見つけては、排水口の網の部分や、手の届く範囲の奥のすみずみまできれいにする。

なんとなく、もやもやするようなときでも、流し台《シンク》と自分が一体化したつもりで淡々と磨いていると、いつのまにか気持ちがスッキリとして、ふぅーっと一息つけるので

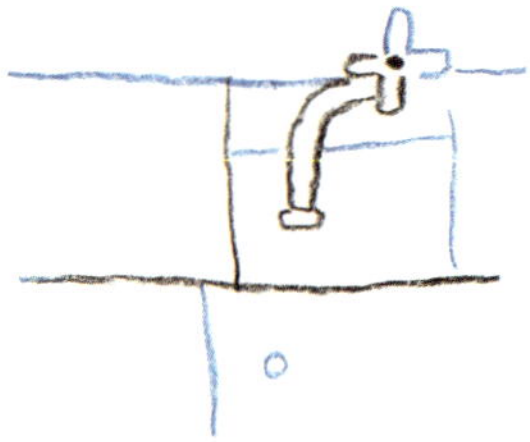

す。

風水ではよく「台所やお手洗い、お風呂などの水回りをキレイにすることが大事」と言われていますが、それは家の中の邪気《じゃき》が、水に溶け込むからなのだそうです。

つまり流し台《シンク》をきれいにすることは、邪気を洗い流すことでもあるのです。

台所の神様が喜ぶような、ピカピカな流し台《シンク》にして、自分の心も美しくリセットしていきましょう。

もやもやと一緒に、水に流そう。

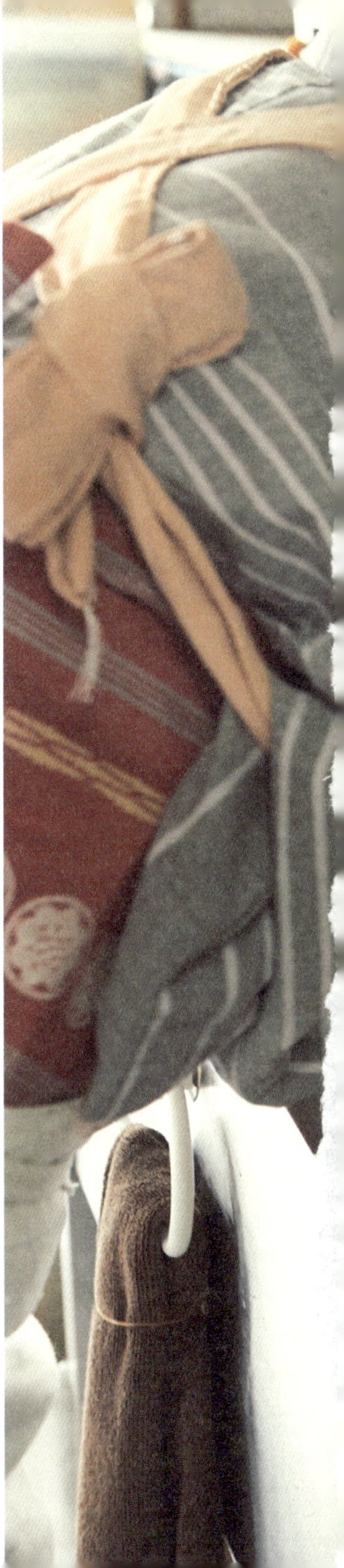

トイレ掃除は、死角を見つけて進んでみる。

高貴な神様は、トイレに宿《やど》ると言われます。

だから風水では、トイレはできるだけこまめに掃除をして、換気をするといいとされています。

こういった話は、よくある「他人にトイレ掃除を押し付けるための作り話」と、捉《とら》えている人もいるかもしれません。でも実際、トイレが汚くて、運が良くなることはないのです。


トイレ掃除に必要なのは、〝細かいところを見る意識〟です。

つまり、見えるところだけをブラシで、ひたすらゴシゴシ磨けばいい、というものではなく、便座、便器の中、縁《ふち》、まわりの床に目を向けることの方が大事です。

特に、便器の後ろ側は、つねに死角になっていて、汚れが溜まりやすいのでその都度要チェック。

一、掃除の最中
二、掃除の直後
三、床が乾いた後

それぞれ死角になる部分の汚れを掃除して、はじめて「トイレはきれいになった」と言えるのです。

死角を見つけるのに、能力も技術も必要ありません。
でも、簡単なようでいて、一番むずかしいのです。
人は、目の前にゴミが落ちていても、気づかないことが多々あります。
頭の中で、違うことを考えながら、掃除していたら、死角は発見できません。
人は「見たいものしか見ない」、という性質を持っているからです。
意識する、しないにかかわらず、脳は情報を取捨選択し「自分はこういう性格」「これはこういうもの」という自分の基準に合うものしか、目に入らないのです。

　先入観を捨てて、空間をちゃんと「見つめながら」掃除をしていたら、見えなかった死角が、目に飛び込んでくるようになってきます。

　それができる人は、日常生活、仕事、人間関係、人生でも、誰も気づいていない大事なことに、しぜんと目がいくようになります。

　つまり人生の大事なことを、発見できる人になるのです。

空間をちゃんと見つめてみよう。

自分の身体をご神体《しんたい》だと思って、マッサージしてみる。

言霊《ことだま》でいうと、〝身体《しんたい》〟とは〝ご神体《しんたい》〟です。

自分の身体《からだ》は、神様が宿る社《やしろ》であり、身体を大事にするというのは、自分に内在《ないざい》する神様を大事にするということでもあります。

神様をやさしく労《いた》わるような気持ちで、毎日、自分の身体をケアしてみてください。

中でも、オイルマッサージはおすすめ。

良質なオイルを使ってやさしくマッサージすれば、筋肉のコリや疲れが癒《いや》されるだけではなく、まさに身体の内側からオーラが輝き出すように、晴れやかな気持ちになります。

マッサージは、血行が良くなる、お風呂あがりにするのがベストです。入浴と同時に、マッサージオイルも小瓶に入れて温めておくと、さらに肌なじみが良くなり、効果も上がります。

血液の流れをよくするために、まず手足の指など、身体の末端部分から心臓に向かってマッサージしましょう。

マッサージというと、ぐいぐい強く押すようなイメージがありますが、そうではなく、気持ちよくなるまで、やさしく、丁寧に、撫《な》でるように、慈《いつく》しむように行います。

ちなみに、私はさまざまなオイルを試した結果、ココナッツオイルを日常的に使うようになりました。

ココナッツオイルによって、肌のきめが整ってきたのはもちろん、今までは感じなかったことが感じられるようになった気がします。

ぜひ「自分にとって良質のもの」を探してみてください。

ご神体のように扱った身体には、神様が宿る。

道具を生き物として扱ってみる。

物も人も、大切に想い、愛情をかけるほど、持っているチカラを発揮するようになります。

反対に、食器も道具も、雑な扱いをすると、エネルギーがなくなってしまいます。

エネルギー切れになった道具は、いわば愛情不足の状態。

そうなると、道具は、食材からエネルギーを奪ったり、少し壊れて人の気を引いたり……。最後には、使えないほどに壊れてしまうのです。

神様の役割や働きは、名前に表れると言われています。

名前は、〝ご身命《しんめい》〟とも言い、その身に与えられた命（役割／働き）を表している

のです。

なので、道具にも同じように、名前をつけてあげましょう。すなわち、命名するのです。

すると、道具も自分に与えられたお役目を自覚し、秘《ひ》められたチカラを発揮してくれるようになります。


私のお店には、いろいろな鍋があり、その中に〝もきち鍋〟と名前をつけられた鍋があります。鍋の形が女性スタッフの〝もきち（愛称）〟の体形にそっくりだという、半分冗談からつけた名前なのですが、性質まで似ているのです。

鍋の〝もきち〟は、あらゆる調理に重宝しており、丈夫で、頼りがいがあるのですが、〝もきち〟本人も、男性顔負けの体力と、女性ならではの気配りがあり、非常に働き者。気がつくと、もきちの働きぶりに負けない鍋になっていました。

名づけたときには、そんなことは考えていなかったにもかかわらず、まるで、もきち自身が鍋にのりうつったようで、なんだか笑ってしまいます。

鍋だけではなく、食器や調理器具も、「紅茶専用ポット」「お味噌汁専用のお鍋」「野菜専用タッパー」など、ちゃんと専用化してあげれば、どれもすばらしい働きを見せてくれるのです。

命名して、名前を呼ぶほど、秘められたチカラを発揮する。

ごはんに「運」を呼び込むために
12

最後の一粒まで、よく味わってみる。

日本書紀《にほんしょき》や万葉集《まんようしゅう》では、日本の国のことを〝食国《をすくに》〟と呼んでいました。

また、平安時代まで、食料が豊かで、皇室・朝廷に献上している地域を〝御食国《みけつくに》〟と呼んでいたそうです。

・惜しむ気持ち（もったいない）
・愛《いと》おしむ心　（ありがとう）

これが古来、日本人が大切にしていた、二つの「ヲス」の精神で、どこの家庭でもご飯粒を残さないように、食材をできるだけ捨てないように、していたものでした。

そんな精神を目の当たりにした、思い出深い出来事があります。

私がゆにわをオープンさせたばかりの頃。お店にお米が届いたのですが、ご年配の

配達員の方が、お米を運んでくださったとき、袋がやぶけていたようで、お米が少し床に散らばりました。

「あっ!」と、私が気づいた瞬間、その配達員の方は、もう床に這いつくばっていて「もったいない、もったいない」といって、一粒残らずお米を集めてくださったのです。当たり前のようにお米を集めるその姿を見て、私は心から美しいと思いました。

昔から、お米には神様が宿っていると考えられ、お米一粒一粒を大事に扱いなさい、という教えがあります。

その根底には〝ヲスの精神〟があり、次の世代に、その精神を伝えたいという気持ちは、もともと日本人の血に流れているのです。

ごはん一粒一粒に宿った神様を感じて、大切にする。

〝禊《みそ》ぎ〟をしてみる。

昔から、日本人は〝清浄《せいじょう》〟を大切にしてきました。

本来の禊《みそ》ぎは、神事に従事するものが、川や海の水で、身体《からだ》を洗い清めることですが、清浄であり続けるために、一般の人も水を使って、さまざまな禊ぎをおこなってきました。

その名残が、手を清めたり、おしぼりを提供する文化。また日常で言えば、お風呂、歯磨き、お手洗い、これらの習慣も立派な禊ぎです。単に、身体の汚れを落とすだけではなく、その日に受けた邪気（悪い気・悪い感情・悪い思考）を洗い清める機会でもあります。水は〝清浄〟にとって欠かせない、とても大切なものなのです。

今では、当たり前のように水を使うことができるため、私自身、以前は無自覚に水

を使っていました。しかし、禊ぎの考え方を知った今では、お風呂も歯磨きも、ひとつの儀式や作法としています。

同じお風呂と歯磨きでも、禊ぎについて無自覚であったときとは、〝清浄〟の効果が比べものにならないと実感しています。

禊ぎに必要なことは、次の三つ。

一つ目は、形（専用の道具）

二つ目は、儀式（やり方）

三つ目は、心がまえ（悪いものを祓い清めるイメージ）

一つ目の「形」とは、専用の道具を持っておこなうこと。

禊ぎ専用のお塩、歯ブラシ、洗面器などを用意するということです。

二つ目の「儀式」について、お風呂の場合はこうです。

まず、お風呂に一握りの塩（バスソルトでも可）を入れます。

もし頭がゴチャゴチャしてたり、漠然《ばくぜん》とした不安、心配事が多いときは、塩（「キパワーソルト」がおすすめ）をひとつまみ、頭のてっぺんのところにのせて、お風呂に浸《つ》かります。邪気は、頭の中にたまっていることが多いので、塩をのせたところから、抜けていきます。

そして、三つ目の「心がまえ」です。

お風呂に、ゆったり浸かりながら、湯船の中で、目を閉じて、胸のところで手をあわせて、次の言葉を、つぶやきます。

「水の神様。どうか、私の身体から、すべての邪気を取り除いてください」

そして、邪気が黒い煙となって、自分の全身から立ち上り、お湯の中に溶け込んでいく絵を想像します。身体からすべての邪気が抜けきったと思えたら、湯船から出て、お風呂の栓を抜く。そのときに、邪気が溶け込んだお湯が、排水口から流れ出ていくイメージをします。

すべてのお湯が、流れ出たことを見届けたら、シャワーを使って、浴槽をきれいに流します。

最後の仕上げは、シャワーを頭から浴びて、全身を流します。

歯磨きのときも、手洗いのときもそう。同じように水の神様にお願いして、邪気を洗い流していただきます。

また、邪気祓いにすごく効果的なのが、次にご紹介する〝鼻うがい〟です。

「鼻うがい」の仕方

鼻うがいは、伝統的なヨガの修行法のひとつ。鼻から塩水を吸って、口から吐き出し、鼻の奥を洗浄する健康法です。

鼻うがいに使う塩水は、涙と同じくらいの濃度（一リットルにつき八～九グラムの塩）に調整して、人肌（三十六・五度）くらいのぬるま湯にします。そうすれば痛くなく、むしろ気持ちがいいです。片鼻一リットルずつ（両鼻で合計二リットル）おこなうのがおすすめです。

〈準備〉

・水
…水道水ではなく、浄水器に通した水。またはミネラルウォーター。

・塩
…精製塩ではなく、天然塩。おすすめはキパワーソルト、皇帝塩、真生塩、氣高塩、阿無《あむ》の塩など。

・ボウル
…鼻うがい専用として使う。

一、二リットルの浄水を、人肌くらいに温め、ボウルに入れる。

二、二リットルのぬるま湯に、塩、約十八グラムを入れる。

三、前傾姿勢になり、片方の鼻を指でふさぎ、もう一方の鼻から塩水を吸い、口から吐く。

四、両方の鼻を同時にはおこなわず、片鼻一リットルずつおこなう。

五、鼻うがいが終わった後、鼻の奥に塩水が残っているので、ふたたび前傾姿勢になり、頭を左右にふりながら、片鼻ずつ、よく鼻をかむ。

六、使い終わったボウルは丁寧に洗い、アルコールで消毒して保管する。

・慣れないうちは、コップ一杯くらいの少量からはじめて、徐々に増やしていきましょう。

・一日一回でも十分効果を得られますが、朝晩二回行うと、なお良いでしょう。

・鼻づまりが激しく、塩水を吸い込みにくいときは、どちらか片方の鼻だけ通すことからはじめましょう。

今日の悪いことは、今日中にすべて水に流す。

ごはんに「運」を呼び込むために

14

食卓を三段階で「ととのえ」てみる。

食卓を、ととのえましょう。

「ととのえる」という言葉には、三つの意味があります。

一つ目が「整《ととの》える」。

「整」は乱れたもの、まがったもの、くずれたものを、正しくすること。

つまり、不要なモノを捨てる、乱れた所を直す、片づけることです。食卓から食事に関係のないものを、すべて片づけましょう。そして、徹底的に水拭きそうじをしましょう。

二つ目が、「調《ととの》える」。

「調」は、なにかをするために必要なもの（状態、条件）をそろえること。

つまり、すぐに食事をはじめられるように準備する、まとめる。道具を使いやすいように並び替えること。

何を使うことになるか、どのタイミングで使うかを考えて、必要なものだけを準備しておきます。すると、自分の心持ちも良くなります。

三つ目が、「斉《ととの》える」。

「斉」は、本来あるべき状態にすること。心と身体と魂のバランスをはかる、という意味です。

具体的には、水拭きそうじをするときも、食卓に必要なものを並べているときも、「そこにいる人たちに喜んでもらえたらいいな」「ここで、家族がもっとリラックスしてくれたらな」というイメージをしながら、行うということです。

すると、胸の奥が温かくなり、元気になっていきます。空間と自分が、まるで、ひとつになったような感覚になります。

そんなふうにして、食卓のすべてが「ととのう」と、場が変わります。

たとえば、まったく同じ飲み物でも、汚れて、モノが散らかった食卓に置くのと、きれいな食卓に置くのとでは、味がまったく違うものになります。
汚れた食卓に置かれた飲み物は、悪い気を受けてまずくなりますが、きれいにととの（整／調／斉）えられた食卓に置かれた飲み物は、よい気で満たされて、よりおいしいものになります。

食卓は神聖なもの。
慎み深く丁寧に扱い、ただ目の前にある食事と向き合えるように、きちんと、ととの（整／調／斉）えましょう。

ととのえられた食卓は、
ごはんを自然とおいしくしてくれる。

ごはんに[運]を呼び込むために 15

余ったごはんで、ごちそうを作ってみる。

余ったごはんにラップして、冷凍して、あとで電子レンジでチン。子どもの頃、母が時折《ときおり》そうしていました。

そうやって出されたごはんは、理由はわからないけれど、子どもながらにイヤだと感じていたのを覚えています。

当時は、ただ心が拒絶するような感じで……うまく言葉にできませんでしたが、味が感じられず、パサパサしていますよね。

保存や料理については、いろいろと試してきました。でも、ごはんを冷凍すれば、どうしても、ごはんの風味が飛びます。また、電子レンジに通してしまえば、ごはんがマイクロ波(※)の影響を受け、味だけでなく、エネルギーも失ってしまいます。

※マイクロ波＝電子レンジや通信に利用される電磁波の一種。

そうは言っても、一度ごはんを炊いたら、余ってしまうこともあります。

そんな時、私は冷凍せずに、ごはんを密閉容器に入れて、冷蔵庫で保存しています。

そして、二日以内に食べる。それはつまり二日以内に、余り米を使った献立《こんだて》を作っていることです。


お米は、いったん冷蔵庫で冷やしてしまうと、硬くなります。ですので、たとえば水やお出汁《だし》をいれて、お粥《かゆ》にする。

もしくは、きざんだ野菜とお肉をいれて、良質な油とお出汁でいためて、チャーハンにする。

具材を変えるだけで、他の料理にも広がります。

野菜のペーストと出汁を使えば、リゾットにもなります。

乾物、野菜、肉、魚……と出汁を変えても、味を楽しめます。

余ったもので十分、ごちそうになるのです。

他にもあります。まず、冷蔵庫から取り出したお米を、またしばらく電気ジャーに入れて保温して温めます。もちろん、そのまま食べても、炊きたてのごはんには負けます。そこで、とびきりおいしいスープを作って、最高のスープ丼にするのです。

ごはんを、最後までおいしくいただくには？　と、私はずっと考え続けています。

余りごはんを活かした料理のレパートリーを増やしていく。

ごはんに「運」を呼び込むために
16

料理の間は、ずっと黙ってみる。

おしゃべりは楽しいものですし、適度なおしゃべりは気分転換にもなります。

しかし、おしゃべりに夢中になっていると、自分でも気づかずに〝気〟が漏《も》れていってしまいます。

自分の〝気〟がなくなると、食材や、空間からどんどん〝気〟を奪うようになります。そんな状態のときは、たいていなにをやっても、うまくいきません。

〝気〟が漏れてしまうのは、他人とのおしゃべりだけではありません。自分の頭の中でくり広げるおしゃべり（脳内会話、妄念、妄想）も同じです。心が定まらず、妄想にとらわれていると、料理に注ぐべき〝気〟がどんどん漏れてしまうのです。

食材と会話しよう。

特に、料理の仕上げや、盛り付《っ》けのときなど、そういう時にうっかり声を出してしまうと、フッと〝気〟が漏れるのを、私はすごく感じます。絶対に目が離せない「ここぞ！」というときは、グッと集中しましょう。もう、息すら止めてしまっていいくらい、だと思っています。

料理を作っている最中は、しゃべらずに、ちゃんと目の前の食材と向き合う。

そうやって、料理に〝気〟を注ぐことで、「食べる人を元気にするごはん」になるのです。

台所を「聖域《せいいき》」だと思ってみる。

台所は、生きています。

エネルギーに満ちた、元気な台所で料理をすると、ごはんは自然においしくなるし、食べた人の運を開いてくれます。台所をエネルギーで満たす秘訣《ひけつ》は、清《せい》・明《めい》・正《せい》・直《ちょく》にあります。清《きよく》・明《あかるく》・正《ただしく》・直《なおく》とも読みます。

神道《しんとう》では、すべてのスタートは、神様です。台所も神様。人間も神様。生きていれば必ず、汚《けが》れます。誰だってそう。何処《どこ》だってそう。神様もそう。だから、清めるのです。それが、掃除です。心も、空間も、掃除して、エネルギーを集めるのです。

生きていれば、暗くもなります。イヤなところも目に入るでしょう。だから、明るくするのです。認める。理解する。感謝する。許す。台所で言うと、見える場所だけでなく、見えない場所もきれいにして、エネルギーを留《とど》めるのです。つまり、

清：汚れたら清める。掃除する。エネルギーを集める。

明：暗いところを、明るくする。エネルギーを留める。

そして、清・明の状態を保ち、エネルギーが満杯になったら〝正〟です。〝正〟になれば、すべては甦《よみがえ》ります。台所も、人も、元気になります。神道では、すべてのゴールは、神様です。台所も神様。人間も神様。

汚れたもの、暗いものが甦って、神様が降りたら〝直〟〈直日神《なおびのかみ》〉です。

お祭りで神様に献上するお食事のおさがりを頂くことを〝直会《なおらい》〟といいます。

神様に、直《ただ》ちに会える、直《すぐ》に会える、直《じか》に会える、素直に会えるから〝直会〟。

〝直会〟のおさがりには神様から頂いた甦りのエネルギーが満ちています。

台所は神様が降りる場所だと思って、料理を作って食事を頂いてみるのです。そうすれば、毎日の料理が〝お祭り〟になり、食事が〝直会〟になります。

ダメな人も、暗い人も、きっと甦って、みんな幸せになれるのです。

聖域だと見立てたところに、
神様は降りてくる。

18

心が定まらないときは、いったん台所から出てみる。

子どもの頃、母親が考え事をしながら作ったごはんは、食べたらすぐにわかりました。

心ここにあらず、別のことを考えながら作ると、〝気〟の抜けたごはんになるからです。

そうすると、雑味が混ざり、味が濁ります。

たとえ、台所がどんなに整っていても、どんなに良い素材を使っても、〝気〟の抜けたごはんは、どこか味が物足りず、食べた後も、力が湧《わ》いてこないのです。

ましてや、不満、不安、怒り……などを台所に持ち込むと、ごはんが毒のようになってしまいます。

料理に集中できないときは、パッと切り替えることです。
窓を開けたり、外に出て、深呼吸してもよし。頭の中のゴチャゴチャを、紙に書き出してみるのもいいでしょう。

まずは、頭の中をスッキリさせる。そして、ごはんに意識を注げば注ぐほど、場の〝気〟が多くなり、その〝気〟がごはんに宿ります。

神道では、清《きよく》・明《あかるく》・正《ただしく》・直《なおく》の四つがそろうところを、神様は好むとされています。

これを、料理の心構えで言うならば、
清…頭をスッキリさせ、清くいること。
明…台所には、明るい気持ちで立つこと。
正…手を抜かず、正しい手順でおこなうこと。
直…「食べてくれる人に、喜んでもらいたい」と、素直に思うこと。

ということでしょうか。

心が、モヤモヤするときは、一度、台所から出て仕切りなおしましょう。

ブレていると感じたら、清く、明るく、
正しく、直《なお》く、リセットする。

ごはんに「運」を呼び込むために 19

心を磨くように、包丁を研いでみる。

「包丁は、料理人の命」と、昔から言われています。

「包」という漢字は、食物を包んで保管する場所である〝台所〟。「丁」は、その仕事をする人という意味。つまり「包丁」は、もともと「料理をする人」つまり「料理人」のことを指していました。

そして、料理人が使う刀として〝包丁刀〟と呼ばれるようになり、それが縮まって、今の「包丁」という名称になったそうです。

そんな包丁は、まさに持ち主の心を映す鏡。

「今日は気分が悪いな」と思うと、切れ味が悪く、心に迷いがないときは、包丁のほ

うが自然に、すいすい動いてくれる感じがします。
包丁は、その持ち主の魂が宿る、自分の分身のようなものなのです。

おいしい料理を作る人は、包丁をきれいに手入れしています。
逆に言うと、包丁を大事にすることで、心の状態が変わっていくということです。
だから私は、包丁を磨くとき、まるで自分自身の心を磨くように、研《と》いでいます。

包丁の研ぎ方

一、まず余計な物を片付けて、包丁と砥石《といし》を準備する。

二、二礼、二拍手して、「神様、ただいまより包丁を研ぐ儀式をとりおこないます」と言い、一礼。

三、刃を手前にして、砥石に対して四十五度の角度で包丁を置き、上から軽く指でおさえる。

四、包丁の背中を十五度起こし、この角度を保つ。

五、力を加えずに、包丁を前後にまっすぐすべらせる。

六、刃先から、刃の付け根まで三ヵ所くらいにわけて研ぐ。

七、うまく研げていれば、刃全体から金属片が出るので、その金属片を砥石のはしで、とりのぞく。

八、同じやりかたで、刃を外にして、刃の反対側も研ぐ。

九、砥石をよくすすぎ、片付ける。

十、研ぎ終わった包丁を両手で握り、刃が外を向くように立てる。

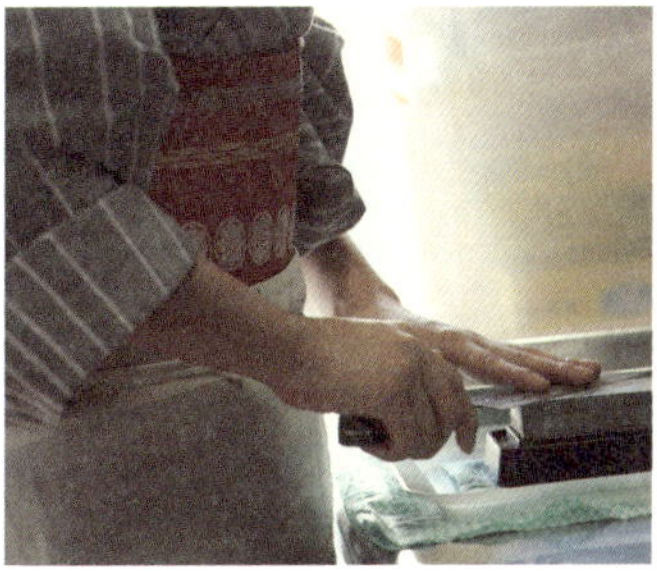

十一、天から神様が降りてきて、包丁に宿ってくださることを想像して一礼。

十二、包丁を手のひらの上で、刃を自分のほうに向くよう横に寝かせて、胸より高く上げて一礼。（心の邪気を払い、自分を清める）

十三、包丁を横に寝かせたまま、刃を外向きにひっくり返し、一礼。（空間の邪気を払い、場を清める）

十四、「以上をもちまして、包丁を研ぐ儀式を終わります。ありがとうございます」と言い、一礼。

こうして包丁を研ぎ終わると、不思議なほどに、心が整い、空間がすがすがしくなります。

またそんな包丁で切ると、食材がいきいきし、料理がおいしくなるのです。
これが、包丁を神聖な〝霊刀《れいとう》〟に変える神事、「奉《たてまつ》りの儀式」の極意です。

包丁を見れば、今の自分がわかる。

ごはんに「運」を呼び込むために――20

口当たりが良い食器を使ってみる。

もらったものだから、なんとなく使っている食器。

とりあえず買って、使っている食器はありませんか？

食器には、食べ物のエネルギーを高めてくれるものもあれば、逆に奪ってしまうものもあります。

一生懸命に作った料理も、エネルギーを奪う食器に盛ってしまったら、おいしさが失われてしまいます。

また、無意識に直接身体に触れるものだから、身体への影響が大きく、食器に触れた口を通じて、悪いエネルギーも体内に入ってしまうのです。

ぜひ食器には、こだわってください。

食器には、職人さんの思いが記憶されています。職人さんが丁寧に作った食器を使えば、料理をさらにおいしくしてくれるだけでなく、職人さんの良い思いが伝わり、食べた人の心が、ほっと落ち着きます。

私が長年、使っている食器は、森修焼《しんしゅうやき》というものです。

森修焼は、鉛やカドミウムなどの有害物質を一切使わず、純度の高い天然石をブレンドして作られたもので、安全なだけではなく、マイナスイオンを発生させ、備長炭《びんちょうたん》よりも、高い遠赤外線効果があります。

それによって余計な苦味、渋味、酸味がやわらぎ、食材本来の味が引き立ちます。

また、持っているだけで「ほっ」とリラックスできるような、そんな特別な食器なのです。

森修焼にかぎらず、食器は「自分が直感的に気に入ったもの」で、口当たりがよく、丁寧に作られている食器を選ぶようにしましょう。

またその食器を楽しんで使い、いたわりながら丁寧に大切に扱っていると、食器との〝不二《ふじ》の契り（絶対的な信頼関係）〟が結ばれ、魔法の食器になります。

その食器にのせただけで、料理がぱっとおいしくなるのです。

いい食器と、仲良くなる。

ごはんに「運」を呼び込むために

21

料理中の足元を温めてみる。

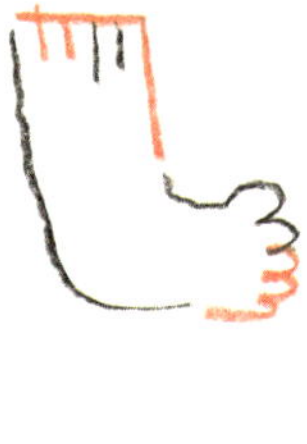

体調不良のほとんどは、冷えが原因です。

生理痛は、たいてい冷えからきていますし、やる気が出ないのも、冷えが原因であることはよくあります。

心だって、なんだか寒々として、暗い気分になってしまいます。

そんな状態で料理を作っていたら、ごはんからどんどんエネルギーを奪ってしまいます。

神様に捧げるごはんは、身体を温めて、心も温かくして、幸せな気持ちで作ることが、基本です。

気をつけるべきは、足と腰を冷やさないこと。

身体の冷えは、たいてい足元の冷えから、やってきます。

なぜなら、心臓から送られ下半身におりた血液は、「足の筋肉に押し戻される」ことによって循環しているからです。

足元を冷やしてしまうと、血液のポンプ役としての機能が弱まり、血液やリンパ液が滞ってしまいます。

特に足首は脂肪が少ないので、夏冬にかかわらず、冷えやすいのです。


足元を温めるには、どうすればいいか。

私は、夏冬ともに、五本指靴下を重ねばきしています。

一枚目は、五本指のシルクの靴下。二枚目は、五本指のウールの靴下。三枚目は、夏なら綿のカバー靴下、冬ならウールのカバー靴下。四枚目は、厚手のウールのカバー靴下。

さらに、シルクのレギンスもはいて、こまめに足湯をしています。

しめつけが血行を悪くするので、どれもゴムを使っていないものを選んでいます。

また、化学繊維は健康に必要なマイナス電子を遠ざけて、万病の元といわれる「静電気」を発生させてしまうので、できるだけ天然のものを使っています。

下半身さえ温められれば、上半身は真冬でも薄着で過ごせます。

また、身体の疲れも激減し、調子がよくなると実感しています。

そしてなによりも、足元が温かいと、ほっとする安心感につつまれ、心も温まるのです。

しあわせは、足元からやってくる。

ごはんに「運」を呼び込むために

22

お香をたいてみる。

ストレスは、私たちの脳、特に大脳辺縁系《だいのうへんえんけい》にダメージを与えるそうです。

大脳辺縁系とは、喜怒哀楽の感情や、食欲、性欲、睡眠欲、意欲などの本能、記憶や自律神経にかかわっているところ。

そして五感のなかで、唯一「嗅覚」だけが、大脳辺縁系と直接つながっています。

それゆえ、香りは、身体に与える影響が強いのです。


良い香りを嗅ぐと前頭葉《ぜんとうよう》が活性化し、やる気が高まります。

またリラックス効果もあり、アロマテラピー、入浴剤、ルームフレグランスなど、香りはさまざまな場面で取り入れられています。

昔、戦国武将が戦地に出る前、儀式として香をたいていたのも、きっと香りの効果

を強く実感していたからでしょう。

反対に、不快な臭いを嗅《か》ぎ続けていると、やる気を失うなどの悪影響を受けます。ですが、困ったことに、香りはまわりと同化しやすいので、はじめは「なんか臭い」と感じていても、やがて慣れてしまいます。これは、ただ嗅覚が鈍感になっているだけで、脳が悪影響を受けていることには変わりません。

風水では、何か悩みを抱えていたり、病気をわずらっている人は、それぞれ独特の臭いを持っている、と言われています。反対に脳を良い香りで満たしたら、問題も病気も改善すると考えられています。

また家を建てる前の地鎮祭《じちんさい》では、悪いものが入ってこないように結界を張るため、四隅でお香をたきますが、良い香りは、昔から邪気払いとして使われてきました。

空間が良い香りで満たされていれば、それだけで悪い〝気〟から身を守るバリアにもなるのです。

香りで身を守る。

自分が良い香りに包まれていられるように、つねにお香やアロマをたきましょう。

私は、お気に入りの香りを選び、部屋ごとに香りを変え、空間としての香りを意識するようにしています。

ごはんに「運」を呼び込むために

23

神様がいるつもりで、本を読んでみる。

古来、中国より風水で伝わる、運が開けるための五つの条件として、
一、宿命
二、運
三、風水
四、積陰徳《せきいんとく》…見返りを求めない善行のこと
五、読書
があります。

「宿命」は、現実の世界。ゆるぎないものであり、変えられないもの。
「運」は、現実の世界のうち、まだ変えられるもの。

「風水」は、心と現実の中間の世界。エネルギー貯蓄の窓口となるもの。

「積陰徳」は、心の世界。エネルギー貯蓄。

「読書」は、心の世界。思考と意識。

読書→積陰徳→風水→運→宿命の順に修練《しゅうれん》すると、いわゆる「思考は現実化する」という教えになるのです。


つまり、読書（勉強）をすればするほど、思考と意識が洗練されて、言動と習慣が改善していきます。

そして、言動と習慣が改善されれば、善の〝気〟が生まれ、その影響力によって、まわりの価値が高まるのです。まわりのみんなが幸せになり、目に見えないエネルギー貯蓄（貸し）が増えることになる。これが積陰徳です。

風水とは、噛《か》み砕《くだ》いて言うと、目に見えないエネルギー貯蓄を、効率良く増やす、〝財テク〟のようなもの。

私にとっては〝料理〟こそが、その風水にあたります。貯めたエネルギーを、料理で増やし、「いのちのごはん」に変えているのです。

運勢は、変わります。

どれほどの強運の持ち主でも、目に見えない世界のエネルギー貯蓄がなくなれば、そこで運は尽きてしまいます。

逆に、たとえ今は運がなく、わずかなエネルギーの貯蓄しかなくとも、読書（勉強）を怠《おこた》らず思考・意識を柔軟に変えて、言動と習慣を改善しつづけ、料理という風水を大切にしていれば、いつか世俗的な欲望から解放されて、心の平安が訪れるというわけです。

つまり、元をたどっていけば、「最高の開運法は、勉強だ」とも言えます。「よりよく生きたい」と学ぶ姿勢が、結果的に、ごはんに運気をもたらすのです。

ひとくちに勉強といっても、失敗した経験を次に活かしたり、新しい場所にいって視野を広げたり、知らないことを人に聞いたり、といろいろあります。

ただ私にとって、一番の勉強はやっぱり「本を読むこと」だと思っています。当たり前と思うかもしれません。でも、きちんと〝勉強のために〟本を読むと、本の力はすごいものだと改めて実感します。

運を良くする勉強には、秘訣があります。

まず大事なのは空いた時間に、ちょこちょこ読むのではなく、ちゃんと「読書の時間」を確保して、儀式化すること。そして、

一、お気に入りの音楽を流す。
二、おいしいお茶をいれる。
三、大好きなお香をたく。
四、書棚から、パッと気になった本を手に取る。
五、家で一番座り心地の良い椅子に腰をかける。

腰をかけたら本を両手ではさんで、眉間にあてて、目をとじ、つぶやきます。

「◯◯の神様。いまから私は◯◯のヒントをいただくためにこの本を読ませていただきます。みなさんがよろこんでくれるような、ヒントをお与えください」

※◯◯は「仕事」や「料理」「育児」など、なんでも。

ゆっくりと目を開けて、一礼。

そのあとは、○○の神様と一緒に読んでいるような気持ちで読書をします。
すると求めていた言葉や情報がどんどん目に飛び込んできたり、本の内容とは関係ないのに、良いひらめきがふと降りてきたりするのです。

神様と一緒に本を読めば、
必要な知恵を教えてくれる。

ゆにわ

床に手とひざをついて、雑巾がけをしてみる。

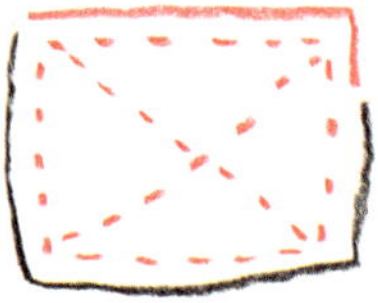

土地には、悪い土地と、良い土地があって、悪い土地のことを〝ケガレチ（気枯地）〟、良い土地のことを〝イヤシロチ（弥盛地）〟と呼びます。

ケガレチは、そこに居るだけで、「なんとなく気分がすぐれない場所」です。農作物をはじめ、植物の生育が悪く、住んでいるだけで病気にかかりやすくなったり、事故を起こしやすくなったりと、運も悪くなります。

一方、イヤシロチはそこに居るだけで、「なんとなく気持ちいい場所」です。鳥や動物がよく集まり、真冬でも花盛りになるほど、植物が非常によく生育します。住んでいるだけで、心も身体も元気になり、病気にかかりにくくなります。

古い歴史のある神社や、清らかで眺めの美しい自然がある土地に多く、青森県の奥《お》入瀬《いらせ》、石川県の白山比咩《しらやまひめ》神社、鹿児島県の霧島《きりしま》、熊本県の阿蘇《あそ》などがイヤシロチとして有名です。

御食事ゆにわの契約農家さんの田んぼも、まさにイヤシロチ。

低地なのに、高山植物が咲いているほど冷涼《れいりょう》かつ幻想的な風景で、田んぼのすぐそばを流れる小川の水は、そのまま口をつけて飲めるほど澄み切っています。

イヤシロチとケガレチ。

これは土地に限らず、部屋や空間にもあてはまること。そして、ごはんは、いやがおうでも、〝場〟の影響を受けます。

その土地がイヤシロチならば、なにも問題ありませんが、もしそうでなければ、自分の力で家を「イヤシロチに変える」ことが必要です。

方法は、いろいろあります。部屋の四隅に盛り塩をする。水晶を置く。神棚をお祀りする。地面に炭を埋める。

でも、その前に大事なことが三つあります。

一つ目は、「捨てること」です。

「自分は、この場所で、どんなことを、どんなふうにしたいのか」を問いかけましょう。なかなかモノが捨てられないのは、そこがハッキリしないからです。

その上で「いるモノ」と「いらないモノ」を分けましょう。どちらか迷ったモノは、捨てましょう。お金でいつでも買えるモノなら、なおさらです。「あとで使うかも」と考えるのはかえってもったいない。捨てられないモノのせいで、家がどんどんケガレチになっていくからです。

そして、どうしても捨てられないモノがあるなら、「捨てられないモノ専用の収納場所」を作りましょう。机の引き出しでも、収納ケースでも、押し入れでも、物置でもかまいません。

そこに入る分だけを上限として、あとは捨てます。新たにモノが増えたら、その分を捨てます。そうやって捨てられないモノをどんどん新陳代謝《しんちんたいしゃ》させるのです。

二つ目が、「配置し直すこと」です。

ふたたび「自分は、この場所で、どんなことを、どんなふうにしたいのか」を問いかけましょう。

こんなふうに料理を作りたい。こんなふうにお茶をいれたい、こんなふうに自由時間を楽しみたい。

目的をはっきりさせて、そこに向かっていく手順を想像の中でたどっていきます。それをしようとするとき、最も取りやすい場所になるように配置し直しましょう。

三つ目が「磨き上げること」です。

「なんだ、拭き掃除か」とあなどるなかれ。部屋を磨かずにいくら盛り塩、水晶、神棚、埋炭《まいたん》を行っても、まったく効果がないのです。

そして、やるなら〝徹底的〟に行います。汚れてもいい服装に着替えて、マスクをつけて、あればゴム手袋も。ホームセンターで売っている、ニトリルゴム手袋の使い切りタイプがおすすめです。

それと、雑巾とバケツを用意しましょう。


窓を開けっ放しにして、掃除機をかけたら、バケツに水を入れて、雑巾を濡らして、かたくしぼって。

そこから一気に、天井、壁、棚など、すみずみまで拭き掃除をしていきます。特に床は腰を落として、はいつくばって、しっかり磨き上げます。畳は濡らさないように注意してください。

汚れがひどい場合、合成洗剤を使えば、たしかによく落ちますが、良い微生物まで殺してしまいます。無添加の石鹸《せっけん》か、重曹《じゅうそう》を溶かしたお水を使うと良いでしょう。


いつもごはんを食べてくれる人、そこに住んでいる人たちの笑顔を思い浮かべながら、「いつもありがとう。みんな幸せで元気になりますように」と思いながら、床を磨いていくと、空間がだんだん良いエネルギーで満たされていき、そのうち、他の空間にまで広がって、そこにいる人、物、空気、みんなが元気になっていきます。

仕上げは、言霊《ことだま》の力で、空間をエネルギーアップします。

声に出して「ありがとうございます」と七回唱えるか、「アマテラスオオミカミ」と十回唱える。(「十言《とこと》の神咒《かじり》」と言って、神道で伝わるエネルギーアップの秘伝です)

一番いいのは、神主さんがよく唱えている、天津祝詞《あまつのりと》を唱えることです。心をこめて、できれば三回唱えてください。

たかあまはらに　かむずまります
高天原に　神留坐す

かむろぎ　かむろみのみこともちて
神漏岐　神漏美の命以ちて
すめみおやかむ　いざなぎのおおかみ
皇親神　伊邪那岐の命
つくしのひむかの　たちばなの
筑紫の日向の　橘の
おどのあわぎはらに　みそぎはらえたまいしときに　あれませる
小門の阿波岐原に　禊祓え給いし時に　生坐せる
はらえどのおおかみたち
祓戸の大神等

もろもろのまがごと　つみけがれを
諸々の禍事　罪穢を
はらえたまえ　きよめたまえと　まおすことのよしを
祓へ給へ　清め給へと　申す事の由を
あまつかみ　くにつかみ
天津神　地津神
やおよろずのかみたちともに
八百万神等共に
きこしめせと
聞食せと

かしこみかしこみ　もまおす
畏み畏み　も白す

かむながらたまちはえませ
惟神霊幸倍坐世

〈訳〉
高天の原にいらっしゃる
カムロギノミコトとカムロミノミコトの神様のご教示により
天皇の御親《みおや》であらせられるイザナギの大神が
筑紫の日向の橘の
小戸の阿波岐原《あわぎはら》で（※）
黄泉《よみ》の国での穢れを禊ぎ祓えなされたときに生まれた
祓戸《はらえど》の大神たちよ

罪や穢れがありましたら
どうぞお祓いください、お清めください
天津神も国津神もすべての神様へ
どうぞお聞き届けくださることを、敬《うやま》い慎《つつし》んでお願い申し上げます

（※）筑紫の日向の橘の小戸の阿波岐原で＝この場所は現在の宮崎県・阿波岐原のみそぎ池にあたる

雑巾がけと言霊《ことだま》で、良い空間《イヤシロチ》にする。

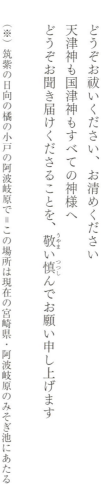

ごはんに「運」を呼び込むために 25

「いのちのごはん」を炊いてみる。

ごはんを炊くときに、最も大切なのは、水と米とが出会う最初の一瞬です。

実は、米というものは、最初に触れた水を八割ぐらい吸収します。

それゆえ最初の水が、炊き上がりに大きく影響するのです。

精米したての米（もしくは玄米）に、最初の水があたる、その一点に注目し、〝気〟を集中させます。


〝気〟を集中させるとは、意識と目線をはっきりと対象に向けることです。

ただ、それだけでは不十分です。対象が物だとしたら、それを擬人化します。そして対象からも「目線を向けられている」と想像する。

そうすることによって、はじめてそこに〝気〟が集中するのです。

見る側と、見られる側。この両者がある意味、相思相愛《そうしそうあい》にならなければ、〝気〟は集中しません。

こんな想像をしてみましょう。

「水（私）」と「米（対象）」が、睦《むつ》みあう男女のごとく、見つめ合って、抱きしめ合う、そんな恋愛ドラマを。

目を見合わせる、というのは、神道用語で、目合《まぐわ》い。すなわちセックスのことです。神道の世界では、目を見合わせて愛情を通わせることで、新しいものを創造すると考えるのです。

えっ？って思われたかもしれません。しかし、想像こそが本当に「創造」を生むのです。

おいしいごはんを作る上で必要なのは、技術が三割、想像力が七割くらいなのです。

想像をすすめます。米糠《こめぬか》を水で洗い流す場面は、まさに、禊《みそ》ぎです。

禊《みそ》ぎとは、イザナギノミコトが黄泉《よみ》の穢《けが》れを清めるために、池で身体を洗い流した神話に由来するもので（黄泉から帰る＝よみがえる）、罪の穢れによる身体の不浄を取り除くとき、または大切な神事の前に、川や海で洗い清めることです。

そこから土鍋に米と、水をいれて火にかけます。火にかけられている間、ふつふつと水の温度があがると、鍋の中で米が踊ります。
まるで恋愛ドラマのすったもんだのようで、惹《ひ》かれあい、睦《むつ》みあう男女の心理的肉体的距離が近づくにつれ、お互いを知り、ひとつになる前に激しくぶつかる……。

そうして火にかけていると、鍋の中の音がふっと変わる瞬間があります。その音を聞き逃さず、火加減を調整します。私には米と水が結ばれて、一体になった合図のように聞こえます。
ごはんと人間と神様をつなぐものは、音です。

吉備津《きびつ》神社に伝わる鳴釜《なるかま》神事は、神様に祈願したことが叶えられるかどうかを、お米を蒸す釜の鳴る音で占う、神事です。私も参拝したことがあるのですが、その音が聞こえた一瞬、「神社全体が、耳の内部構造に見える」という神秘体験をしました。

音は振動であり、意識も振動です。そしてあらゆる振動は、物質に影響を与えます。

意識はたしかに、食べ物の性質や味を変えます。作る人が意識を変えれば、食べ物にも振動が伝わり、それを食べた人の意識も変わるのです。


いよいよ、土鍋の蓋を開けると、真っ白な湯気とともに、光が飛び出してきます。「おぎゃー」と赤子が生まれたかのように、きらきらと純粋なご飯が、目に飛び込んでくる。

まだ生まれたてで、自分からは動けない赤子のようで、まるで、身体を起こすように、ご飯をやさしく混ぜて、起こします。「さぁ、おいしそうに炊けましたよ!」と声をかけるのですが、それはまるで「元気なお子さんが生まれましたよ」としか聞こえません。ひとり、台所で産婆さん気分です。

私にとって台所は、新たな命が生まれる場所なのです。

そこには「おいしい」を超えるなにか、感動をも超えるなにかがあります。

それは、命に対する祝福です。

生まれてきてくれて、ありがとう。

生きていてくれて、ありがとう。

その思いを、料理を食べる人だけではなく、料理の食材にまで拡大するのが究極の愛情料理なのです。

「いのちのごはん」の炊き方

〈準備〉

・米／二合
割れたり、色が悪くなった米を取り除いたもの。
・塩／ひとつまみ
できるだけ良いお塩。〝キパワーソルト〟がおすすめ。
・水／三六〇cc
できるだけ良いお水。
・土鍋

〈お米を研ぐ〉

一、

二合の米をザルに入れ、ボウルに水を張ります。

二、

水を張ったボウルに、ザルごと米を水に浸けます。軽くまぜたら、〃すぐに〃ザルを水からあげ、強い振動を与えないように、やさしくザルの水を切ります。

※米に水が触れる、その瞬間に注目し、意識を集中させます。最も大切なのは、水と米とが出会う、最初の一瞬です。乾いたお米が初めて水を吸うとき、周囲の〃気〃（自分が放っている〃気〃）も、一緒に吸収するからです。

「水」と「米」が、睦みあう男女のごとく、見つめ合って、抱きしめ合うところを想像します。

三、

もう一度、ボウルに水を張り、ザルごと米を水に浸けます。

四、

一粒ひと粒が水をくぐるようなイメージで、力を入れず、サラサラとかきまぜたら、同じように水を切ります。

※イザナギノミコトが黄泉の穢れを落とすように。米が〝禊ぎ〟をしているような気持ちで。

〈浸水する〉

五、

研ぎ終わったら、流れるように米を土鍋にうつし、水をゆっくりと全体に注ぎます。このとき水が白く濁っていてもかまいません。

六、
良い塩をひとつまみ、さらっとかけます。

七、
一度だけ、底の方から、米を軽くまぜかえします。
※まるで、子どもの頭をなでるような、やさしい気持ちで行います。

八、
蓋をして、十分間待って、浸水させます。

〈炊く〉

九、
火にかけます。火加減は、土鍋の底から火がはみ出さない

くらい。時間は八分くらい。
※炊き始めから、炊き上がりまで、土鍋から離れないこと。
ごはんに気を向けて、気を集めるためです。

ふつふつと水の温度があがると、鍋の中で米が踊ります。

睦みあう男女の距離が近づくにつれ、お互いを知り、ひとつになる前に激しくぶつかっています。

十、
鍋の中の音がふっと変わる瞬間があります。この後、鍋から、ぶくぶくと泡がでてきて、吹き出してきます。ここで火を弱め、さらに七分くらい、火にかけます。

十一、
火を止めて蒸らします。七分くらい。

十二、

蒸らしたら、蓋をあけて、しゃもじで軽くかきまぜ、すぐに蓋をします。

三分たった頃が、食べごろです。

※蓋を開けると、真っ白な湯気とともに、光が飛び出してきます。「おぎゃー」と赤子が生まれたかのように。身体を起こすように、ご飯をやさしく混ぜて、抱き起こします。「生まれてきてくれてありがとう」という気持ちで。

音を聞きながら土鍋でごはんを炊く。

「いのちのお味噌汁」を作ってみる。

お味噌汁は出汁《だし》で決まる、と言っても過言ではありません。
できる限り良い昆布、鰹節《かつおぶし》を使いましょう。もちろん味噌も水も大事です。

【水】

浄水器を通した水か、天然の湧き水、またはミネラルウォーターを使います。
もしくは水道水を一度沸騰させ、冷めたらペットボトルに入れて約一分間、上下にぶんぶん振ります（できれば「ありがとうございます」をくり返しながら、または天《あま》津《つ》祝詞《のりと》を唱えながら、振るといいでしょう）。

振り終わったペットボトルを太陽の光か、月の光に当てて、約一時間そのまま置いておきます。

実際に光が当たっていなくても、「太陽の光（月の光）に当てます」と、声をかけるだけでもかまいません。それだけで水道水の悪い〝気〟が底に沈みます。ですから、底の部分の水は使わないようにします。

使うのは上の九割の水。残った一割の水は捨てます。これで、天然の湧き水にも負けない水の完成です。

【昆布】

いろいろな昆布がありますが、出汁を取るなら、利尻《りしり》昆布か、羅臼《らうす》昆布をおすすめします。利尻なら、礼文《れぶん》島の香深《かふか》産が最高級品です。濃い出汁がほしいなら羅臼の天然ものにかぎります。

【鰹節】

鰹節は、荒節《あらぶし》と枯節《かれぶし》の二種類あります。

荒節は黒っぽい色をしています。スーパーで売られている、袋入り、パック入りの削り節は、この荒節を削ったものです。

枯節は、カビを付け、それを落として日干しして、またカビを付けるという工程をくり返したものです（長いもので二年間くり返します）。

カビ付けを五回以上くり返した鰹節を、本枯節《ほんがれぶし》といいます。色は灰色。雑味が無く、旨味の塊《かたまり》です。

【味噌】

味噌は何種類かまぜあわせて使うと、単独の味噌よりも深い旨味が得られます。どの味噌を使うか、どれくらいの割合で合わせるのかは、季節、入れる具材、一緒に食べる料理によって変えます。

夏は赤味噌を多めに使ってさっぱりと仕上げ、冬は白味噌を多めに使ってこっくりとした味に仕上げると、よりおいしく感じられます。もちろん、白味噌の雑煮のように、白味噌単独で仕上げるという場合もあります。

ちなみに味噌には、一キロあたり二〇〇円ほどの安い味噌と、国産大豆と、塩と、天然麹《てんねんこうじ》だけを原料に、昔ながらの製法で約一～二年かけて無添加で作られた本物の味噌があります。

安い味噌は、残留農薬や遺伝子組み換えが心配される輸入大豆を使用していますし、大豆から油を取った後の絞りカスに、麹《こうじ》ではなく、化学的に合成された酵素を使って作られています。

この方法だと約三ヵ月で味噌が完成しますが、このままではおいしくないので、パッケージの裏面に「アミノ酸等」と表示されている、化学調味料などの食品添加物を使って、味や香りを調整しているのです。

本物の味噌は、一キロあたり五〇〇円～一〇〇〇円と割高ですが、味と風味、そして持っている〝気〟の清《せい》・明《めい》・正《せい》・直《ちょく》さは比べものになりません。

「いのちのお味噌汁」の作り方

〈出汁《だし》を取る〉

一、
水二リットルに対し、約三十グラムの昆布を入れて火にかけます。

二、
沸騰させないように気をつけながら中火にかけ、味を引き出していきます。目安は十分間です。

三、
出汁の味がでたら、昆布を鍋から引き上げます。

四、

鍋はそのまま火にかけ続け、手早く少量のさし水を加えて、約四十グラムの鰹節を、手でほぐしながら加えます。

五、灰汁《あく》を取りながら、鍋底に沈んだ鰹節が煮えあがってくるのを、じっと待ちます。あがってきたら、すぐに火を止めます。

六、鰹節が沈みはじめたら、晒布《さらしぬの》やキッチンペーパーで静かに手早く濾《こ》します。これでおいしい出汁のできあがりです。

〈お味噌汁を作る〉

一、

お味噌汁に入れる具材は、なんでもかまいません。にんじん、ごぼう、里芋、豆腐、薄揚げ、きのこ、大根、椎茸、青菜、白ねぎなど、季節に合わせて、具材を選びます。具材のとりあわせによって、味わいも変わります。

二、

具材を、きれいに形をそろえてカットしましょう。これだけで、味の感じ方が大きく変わるはずです。具材によっては、あらかじめ炒めておいたり、下茹でしておいたりすることもあります。

三、

出汁を火にかけ、具材を入れます。

四、

お味噌は、すり鉢ですり合わせ、出汁でのばして、溶き味噌を作ります。

五、

出汁と具材が馴染《なじ》んできたら、溶き味噌を入れ、合わせていきます。

六、

味見をしながら、塩味を調整しましょう。

かけられた手間・ひま・お金は、天然の旨味・甘味・滋味《じみ》が醸《かも》し出す深い味わいになることはもちろん、さらに食べた人、作った人の心身も安らかにしてくれます。

やさしく作ったお味噌汁は、食べる人をやさしい気持ちにする。

塩おむすびをにぎってみる。

神道では、「むすび」という言葉は「結び・産霊《むすひ》」とも書きます。
水素と酸素が結びついて、水となる。男女が結びついて、子どもができる。家々が結びついて、ムラやクニができる。というように、すべてのものは「むすび」から新しい力や命が生まれると考えます。

〝おむすび〟は、人間の右手と左手で、ごはんを握って作ります。
右手の「ミ」は身《み》。物質のこと。
左手の「ヒ」は霊《ひ》。霊的なもの。

神様が最も愛する、米と塩と水という物質に、人の手によって、霊力をむすんだも

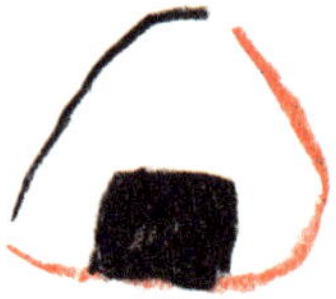

のが、おむすびなのです。

お茶碗だと、ごはんだけなら一膳でおなかいっぱいになりますが、不思議なことに、おむすびにしたら、なぜか、二膳、三膳分のごはんを食べてしまうことがあります。

そして、ちゃんとした米と思いで握ったおむすびは、いくら食べても太りません。

そういうおむすびを食べていれば、太っている人も、痩《や》せている人も、しぜんと、ちょうどいい体形になっていくのです。

茶碗によそったごはんと、おむすびは、別物です。おむすびは、ごはんに〝気〟を凝縮させて結び、新しい命にしたものだからです。

「いのちのおむすび」の作り方

やる気も、希望もなく、まさに人生のどん底。

そんな私の人生を変えてくれた、いのちのおむすびの作り方です。

炊きたてを握ることで、外は形がしっかりと固く、食べると口のなかでふんわり広がる、絶妙な食感になります。

〈準備〉
・炊きたてのごはん
・氷水の入ったボウル
・塩（おすすめは「皇帝塩」です）

一、
氷水に手をつけて冷やし、塩を手につけます。

二、
炊きあがってすぐ、とにかく「熱々のうち」に握りましょう。熱いうちは、でんぷんがのりの役割をして、外は形がしっかりと固まり、食べると口の中でふんわりと広がる、絶妙な食感になります。

三、
握るときの力加減は、強すぎず、弱すぎず、力加減を覚えていきましょう。
大切なのは、おにぎりを握るのではなく、〝光〟のかたまりを握っているとイメージをすること。
空から光の柱が、まっすぐ自分の頭のてっぺんまで降りて、そのまま背骨を通り、両手から〝光〟があふれ、その光でごはんを凝縮するイメージです。

四、
次に、おにぎりの米一粒ひと粒から、まばゆい〝光〟があふれ出てくる（と感じる）までイメージします。

さらに、その〝光〟の中に、おにぎりを食べた人の顔が、無邪気な子どもの笑顔になっている姿を想像しながら、握ります。

おむすびは、光のかたまり。

ごはんに「運」を呼び込むために 28

良い油を使ってみる。

油は、身体に悪い？

いいえ。油は、私たちの身体に欠かせない、大切なものです。

新鮮で良質な油は、むしろ心身のエネルギー源になりますし、身体の毒出し《デトックス》にもなるので、うまく活用すれば、健康にも美容にも役立ちます。

デトックスというと「水や食物繊維をとって、体内の毒素を排出する」というイメージがあるかもしれませんが、毒素のほとんどはカドミウム、水銀、鉛といった重金属で、身体の脂肪に溶け込んでいるものです。

脂肪は、水には溶けないので、新鮮で良質な油をとって、「体内の悪い油と入れ替える」必要があります。

悪い油とは、なんでしょうか。

ショートニングやマーガリンが身体に悪いということは、耳にしたことがあるでしょう。

ショートニングはラードの、マーガリンはバターの代用品として作られた油です。

これらに含まれる、トランス脂肪酸は、自然界ではほとんど存在しない物質で、身体にとても悪い影響を与えると言われています。

摂取量が増えれば、血液中の悪玉コレステロールが増え、動脈硬化《どうみゃくこうか》や心疾患《しんしっかん》などの危険性が高まり、さらに発がん性もあるそうです。

その危険性が認められ、オランダやデンマークなど、すでにマーガリンを販売中止、製造禁止にしている国もあるほどです。

そして、一般的にスーパーなどで売られているサラダ油や、加工食品、ケーキやスナック菓子に使われている油のほとんどには、コストを抑《おさ》えるために、トランス脂肪酸がたっぷりと含まれた、植物油が使われています。

意識せずに、買い物をしていたら、知らず知らずのうちにとり込んでしまうもので、日常生活の中で、トランス脂肪酸をまったく摂取しないというのは、もはや至難《しなん》の業《わざ》です。

ですから、家庭では、酸化していない上質な油を積極的にとるようにして、やむを得ず口に入れることになった、悪い油をデトックスするようにしましょう。

私のおすすめは、ココウェル社のココナッツオイルです。

理由のその一は、熱に非常に強く、酸化しにくいこと。

料理に使うなら、揚げる、炒めるのに最適です。揚げ油の約二割を、ココナッツオイルにするだけで、サクサク、ふわふわになります。

理由のその二は、美容と健康にとても良いこと。

私は、寝る前に髪につけて、翌朝に洗い流したり、たっぷり髪に塗って、1～2時間おいてから洗い流したりします。おかげで髪はいつもつやつやです。

また、ココナッツオイルをとると、すぐにエネルギーに変わります。つまり、ふだん使っている油を、ココナッツオイルに変えるだけで、ダイエットにもなるのです。

伝統的に、服をほとんど身に着けないポリネシア諸島の人々は、代々、灼熱《しゃくねつ》の太陽に肌をさらし続けてきましたが、ココナッツを食べ、ココナッツオイルをボディローションとして使ってきた結果、その肌は美しく健康で、シミもできず、がんにも強いそうです。インドでも何千年も昔から、ココナッツオイルは病気の治療に使われています。

さらに感染症の予防にも効果があることがわかっています。

薬物の影響によって、抗生物質が効かないスーパーバグという超強力な細菌が発生していますが、驚くべきことに、ココナッツオイルをとると、身体はそれを材料にして、スーパーバグすらも敵わない、救命物質を作りだすのだそうです。

私のもう一つのおすすめは、オメガニュートリジョン社の亜麻仁油《あまにゆ》と、エクストラヴァージンオリーブオイルです。

化学添加物、保存料、漂白剤は一切使われず、光と酸素を遮断《しゃだん》した製法、光を通さない特殊な遮光ボトルによって、酸化を防いだ状態で封入されています。

もちろん、トランス脂肪酸もゼロ。多少お値段は高いですが、安全とおいしさ、美容と健康を、同時に手に入れることができます。


良いものを招き入れると、悪いものが出ていく。

ごはんに「運」を呼び込むために 29

「いただきます」と言うとき、手を合わせてみる。

私たちは食べることによって、生かされています。

動物、鳥、魚のみならず、野菜、果実、穀物、昆布、バクテリアにも〝いのち〟があります。

ごはんを食べるということは、ただ空腹を満たすことではなく、この〝いのち〟をいただくことです。


一滴の水も、天地《あまつち》の恵み。

一粒の米も、苦労の賜物《たまもの》。

そう考えると、食べる前に言う「いただきます」の心がわかります。

そこには、食べ物を与えてくださった大自然への畏敬《いけい》の念と、その命を自分自身の

命に変えさせていただく、感謝の念が込められています。

また「いただきます」という言葉は、「天地の恵み　箸《はし》を高く捧《ささ》げて　いただきます」の省略語です。「土と木々、海と空と太陽に、また食べ物を作ってくださった方々、食べ物を運んでくださった方々、ありがとう」

そのすべての気持ちを、ひと言に集約したものです。

こうして感謝しながら食べることによって、はじめて食材の〝いのち〟を、自分の〝いのち〟に変えさせていただくことができるのです。

昔から日本では、「食事は、神事である」とされてきました。

「いただきます」とはまさに神事の言葉であり、国学者の本居宣長《もとおりのりなが》が、それを和歌に残しています。

味《たな》つ物《もの》　百《もも》の木草《きぐさ》も　天照《あまてらす》　日《ひ》の大神《おおかみ》の　恵《めぐ》み得《え》てこそ

（こうしてお食事をいただけるのも、すべて太陽の神様のお恵みのおかげです。心か

ら感謝いたします）

神社の巫女《みこ》さんや宮司《ぐうじ》さんが、お食事をされる際には、礼と拍手、そして、この和歌を詠み、最後に「いただきます」と言ってから食べはじめます。

昔から日本人が、なにげなく使っている「いただきます」という言葉は、神様へのご挨拶と感謝と祈りの言葉だったのです。

ひとりで食べるときも、
ちゃんと言おう。

食卓の光を変えてみる。

地球に、いのちが誕生して以来、生物のほとんどは、太陽の光によっていのちを育んできました。

太陽光は大きく、紫外線、可視光線《かしこうせん》、赤外線《せきがいせん》の三種にわかれます。

可視光線の色は〝紫、藍、青、緑、黄、橙、赤〟で、紫より波長が短いのが紫外線、赤より波長が長いのが赤外線となります。紫外線は皮膚には有害ですが、殺菌効果があり、可視光線は色や形を視覚化し、赤外線はものをあたためます。

赤外線は、さらに近赤外線、中赤外線、遠赤外線、超遠赤外線にわかれ、この遠赤外線のうちさらに四〜十二マイクロメートルの波長を持つ光線を「育成光線」と言います。

この「育成光線」が太陽の光のうち、いのちを育む光なのです。医療では人工的に

この「育成光線」を発生させて、自然治癒力を高める治療法があるそうです。

私は、寒い季節になると、「育成光線」を出す遠赤外線セラミックヒーターを使っています（愛用しているのは「サンラメラ」といいます）が、体調がよくなるだけでなく、部屋の消臭にも効果があるようです。

物質も固有の波長を持っています。物質が波長に合った光線を受けると、物質と光線は共鳴し合い、〝気〟が高まります。高くなった〝気〟が、熱エネルギーに変化して、あたたかくなったり、いのちを育むのです。

人間の波長は六〜十四マイクロメートルなので、四〜十二マイクロメートルの育成光線はまさにぴったり、共鳴しやすいのです。

人間にとって大事な〝光線〟ですが、世の中に普及している人工の光は良いものばかりではありません。

現代人の悩みである、原因不明のイライラや不安、倦怠感《けんたいかん》、ホルモン異常、自律神経失調症などは、屋内中心の生活が影響していると言われています。

あたたかい光が、ごはんに力を加える。

なかでも、蛍光灯の光は、不自然なものです。蛍光灯は、電気代も安く便利ですが、水銀から発生させる紫外線は、心身の健康と〝気〟に悪影響を与えます。目も疲れさせ、顔色も悪く見せます。食卓ならば、ごはんの見た目も悪くなり、ごはんから元気を奪ってしまいます。

部屋の光は、空間の〝気〟を高め、めぐらせる大切な役割を持っています。ごはんを食べるときは、白熱灯やろうそくの光にかえましょう。

おすすめは、蛍光灯の欠点を取り除いた「バイタライト」という電気スタンドです。これは人間の目への負担がきわめて少ない〝日の出三十分後〟の太陽の光に近いもので、いわば室内で日光浴ができるようなものだと言われています。おだやかな気持ちになるだけでなく、ごはんがさらにおいしく見えます。

ごはんに［運］を呼び込むために

31

良い調味料に替えてみる。

もっと速く、もっとかんたんに、もっと手っ取り早く、もっと効率的に。

これが世の中の価値観の主流です。

値段の安さ、手軽さ、経済効率が重視され、ファミレス、ファストフード、インスタント食品、遺伝子組み換え作物など、日本人の食のありようは、どんどん西洋文化に毒されています。

でも本来、日本という風土《ふうど》のすばらしさは、西洋文化に流されるのではなく、外からどんどん良いものを吸収して〝日本流〟に変換できることです。

フレンチも、イタリアンも、中華も、日本に入ってそれぞれ独特の進化を遂《と》げ、世界の食通たちを驚かせてきました。

では、外国流に流されることなく、外から情報を取り入れて、変換して、進化させるためには、なにが必要か。

ブレないなにか。折れないなにか。守るべきなにか。負けても譲れないなにか。

それは日本的霊性《れいせい》の〝背骨〟となる大事な部分です。


そして料理にとっての、その〝背骨〟とは、出汁《だし》と調味料です。


今、日本は世界一の農産物〝純輸入〟国です。

小麦、大豆、とうもろこし、牛肉、豚肉、鶏肉、野菜、果実、魚介、ハム、チーズ、砂糖、チョコレート、コーヒー、缶詰、冷凍食品などを外国に依存しています。

そば粉、たけのこ、きのこ、ひじき、わかめ、梅干しなどの日本の伝統食ですらも輸入に頼っているのが現状です。面積が狭く、人口の多い日本にとって、食料を輸入することは、仕方のないことでしょう。

しかし、いわば日本的霊性の〝背骨〟に相当する部分、出汁と調味料だけは、譲ってほしくないのです。

わかりやすく言えば、どちらも手間とお金をかけましょう、ということです。

出汁はよく「出汁を取《と》る」とか、「出汁を引《ひ》く」と言いますが、どちらも同じ意味です。余分な物を取り除くとか、さっと、自然に旨味《うまみ》を引き出すということ。つまり「力ずくで、煮出したり、絞り出したりしない」という気持ちが込められています。

フランス料理の出汁に相当するのが、フォン（ソースの素）、またはブイヨン（スープの素）ですが、これは肉、魚、野菜、香草類《こうそう》を長時間煮て、素材のエキスをすべて溶け出させ、抽出したものです。またブーケガルニといって、香草類（パセリ、タイム、ローリエなど）を、肉や魚のくさみを取るために使います。

日本の出汁とは、ずいぶん違いますよね。これが、日本と西洋との霊性《れいせい》の違いなのです。

霊性の違いは、考え方、生き方、料理の仕方にあらわれます。

そして、出汁の取り方は、まさに考え方、生き方そのものなのです。

昆布、鰹節《かつおぶし》、干椎茸《ほししいたけ》、煮干《にぼ》し、良質の水で取った、本物の出汁を使いましょう。

安くてお手軽な顆粒状《かりゅうじょう》のインスタント出汁とくらべれば、その違いは明らか。

味だけではなく、持っている〝気〟の清《せい》・明《めい》・正《せい》・直《ちょく》さもくらべものになりません。

大切にしてほしい調味料は、主に、醤油《しょうゆ》、味噌《みそ》、味醂《みりん》、酢、塩、砂糖、清酒、油です。

たとえば醤油。一リットル二〇〇円のスーパーの特売品と、一リットル一〇〇〇円の丸大豆醤油の違い。

丸大豆醤油の原材料は、丸大豆、小麦、塩、水、麹菌《こうじきん》。これだけです。

まず、大豆と小麦に麹菌を加え、麹を作ります。この麹に塩水を加えて発酵させて、「もろみ」が完成します。これを約二年間、天然発酵・熟成させて、圧搾《あっさく》したものが丸大豆醤油です。

ところが安い醤油は、わずか約四～六ヵ月で醤油を完成させます。主原料は化学物質のかたまり、大豆油をしぼりとった後のかす（脱脂加工大豆）です。

これを塩酸で分解すると、醤油のベースとなるアミノ酸液ができます。

このアミノ酸液にうまみ調味料（グルタミン酸ナトリウム）でうまみをつけて、甘味料（ブドウ糖果糖液糖など）で甘くして、酸味料（クエン酸、L－酒石酸《しゅせきさん》、乳酸）で酸味をつけて、増粘《ぞうねん》剤（カルボキシメチルセルロース）でとろみをつけて、カラメル色素（糖類にアンモニウム化合物を加えて加熱）で色を補って、保存料（安息香酸《あんそくこうさん》ナトリウム）を加えてできあがりです。

もはや、これを〝醤油〟と呼んでいいのかどうか。別物ですよね。

安いものには、それなりの理由があるということです。

一リットル一〇〇〇円の丸大豆醤油は、高いのではなく適正価格です。

こういった事情は味噌、味醂、酢、塩、砂糖、清酒、油にもあてはまります。

自分にとっての、ブレないなにか、折れないなにか、守るべきなにか、を見つけるために、自分が口にするもの、身に着けるものは、目先の安さにとらわれず、きちんと作られた、本物を選びましょう。

世の価値観に流されず、自分で選ぼう。

ごはんに「運」を呼び込むために　32

地元のものと各地のもの、半々の割合で食べてみる。

〝身土不二《しんどふに》〟という言葉があります。

これは「この身体《からだ》と、それが拠《よ》り所《どころ》にしている環境は一体である」という意味で、自分が生まれた土地、または暮らす土地で採《と》れたものを食べるべきだ、という考え方です。

私も、食材の半分はできるかぎり地元（京都、奈良、滋賀）で採れた安心な野菜を使うようにしています。より新鮮なものが手に入りやすく、生産者の人たちとも顔の見えるお付き合いができるからです。

でも食材の「半分」は、日本各地、世界各地から、エネルギーの高い食材を取り寄

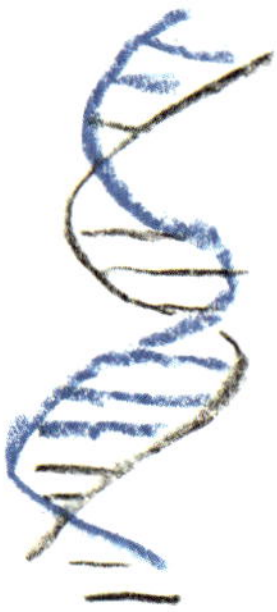

せています。

それには、こういう理由があるからです。

この身体も、それが拠り所にしているこの環境も同じく、結果世界（目に見える世界）にいます。

ですが、結果世界に姿を現す前は、この身体も、環境も同じく、原因世界（目に見えない世界）にいました。
※原因世界のことを、神道では〝高天原《たかあまはら》〟と呼び、精神世界では〝あの世〟と呼び、物理学では〝空間〟と呼びます。

すべてのものは、その原因世界からやってきて、いずれまた、そこに還《かえ》っていきます。

だから結果世界にある、この身体も、この環境も、そしてすべての食べ物も、元は同じエネルギーで作られているのです。


ではなぜ、元は同じエネルギーのはずなのに、健康な身体と、不健康な身体があるのか。良い環境と、悪い環境があるのか。〝気〟の高い食べ物と〝気〟の低い食べ物があるのか。

それはエネルギーに含まれる情報に、良《よ》し悪《あ》しがあるからです。

そしてどちらの情報を選択するかによって、人生の悲喜《ひき》こもごも、運・不運、幸・不幸が決まっているようです。


〝風土《ふうど》はＦＯＯＤ《フード》〟という言葉があるように、食べ物はその土地の風土、すなわち環境の分身みたいなもの。

もしも今の風土（環境）に、生まれてから死ぬまで定住すれば、私たちの身体は、その風土、環境と、そこで採れた食べ物と一体のものとなります。


しかし私たちは、選ぶことができます。

住む場所も、環境も、食べ物も、水も、自分の意思で、選べるのです。


私たちのＤＮＡには、これまでの人類の「選択の記録」が刻み込まれています。

数十万年以前に遡《さかのぼ》る進化の過程、果てしなく長い旅路《たびじ》の末に、私たち人間は現在の生活にたどり着きました。

だから食べ物には、私たちのDNAに作用し、まだ見ぬ潜在能力を呼び起こすスイッチとなる情報が、含まれているはずなのです。


自分のDNAのスイッチを入れる情報を含む食べ物。

それがどこにあるのかは、わかりません。でも日本各地、世界各地のエネルギーが高い食材・料理のうちにあることは確かでしょう。

だから地元半分、各地半分。

地元の食材や、郷土料理だけにこだわるのではなく、日本各地の良いものを取り寄せたり、さまざまな国の料理を作るのも、大切なことだと思うのです。


それこそが、私の考える〝身土不二〟の実践法です。

各地の名産が、運を開いてくれる。

ごはんに「運」を呼び込むために

33

料理を瞑想だと思ってみる。

「プリンに醤油をかけて食べると、ウニの味がするらしい」

試したら、たしかにウニの味がしました。

他にも「トマト＋砂糖＝イチゴ」「納豆＋チョコレート＝水あめ」「豆板醤＋マヨネーズ＝辛子明太子」「きゅうり＋ハチミツ＝メロン」「アボカド＋醤油＝マグロ」なども、そう思えなくもありませんでした。

これらは、九州大学が開発した味覚センサーという分析器によって導きだされた「同じ味」。人間の舌の機能を、機械に置き換えて、コンピュータで解析し、味を数値化することができるのだそうです。

〝味は、舌の表面にある味蕾（みらい＝ぶつぶつ状のもの）と呼ばれる組織で受け止められます。味蕾の中にある味細胞に食べ物に含まれる物質が作用し、味細胞の表面を覆っている生体膜の内側と外側に電位差が生じる。そして、電気が流れます。これが神経を通り脳に伝わって味を認識する、という仕組みなんです。

つまりこういうことです。私たちは味のもとになる物質を直接、感じているのではなく、あくまでも電位差によって作り出されたものを「味」として感じている。ずばり「味＝神経の反応」。まさに、味はバーチャル（仮想的）なものなんですよ。だから、プリンに醤油をかけて食べるとウニの味がする、イクラと同じ味をつくることもできる。もとの物質が違っても、同じ電位差が生体膜に生じているので同じ味がするわけです。〟

～ＷＡＯサイエンスパークより引用

たしかに、そう。味は仮想的なものです。

そもそも脳は、すべての情報を電気信号として受け取っていて、味覚だけではなく、視覚・聴覚・嗅覚・触覚・温覚・痛覚・運動感覚・平衡感覚、すべての感覚は「数値化」することができます。

催眠術を使えば、りんごの味を、レモンの味に変えられたり、水をワインの味に変えたりすることもできます。

たとえば、自分の置かれた状況によっても、味覚は変わるものです。

ちょっと苦手な人と食事をすれば、どんなにおいしいはずの料理も、おいしく味わえなくなるでしょう。

逆に、心から信頼できる人や、大切な人と食事をすれば、もうそれは最高のごちそう。たとえ、その料理がいまいちだったとしても、おいしく感じます。

でも、みなさんに作ってほしいごはんは、そんな状況によって味や、感じ方が変わるようなものではありません。

感覚というものが人工的に作られるものだとしても、それでも変わらないものが、感覚の遥《はる》か彼方《かなた》にあるからです。

それが〝意思〟。

〝意思〟とは誰の心の中にもある、悠々たる心、本当の自分のことです。

すべての人の喜びを自分の喜びとし、すべての人の悲しみを自分の悲しみとする。

私がみなさんに伝えたいのは、この〝意思〟に働きかける、ごはんなのです。


人間には、感覚があるので、そこから快・不快の感情が生じます。

幸せか、不幸せかは、快・不快によって決まります。快が多ければ、幸せだし、不快が多ければ、不幸せ。実に単純です。

快の感情を増やす方法は、さまざまあります。瞑想《めいそう》もそうだし、ヨガや気功もそう。催眠、自律訓練法なども、そのひとつでしょう。

ただ、私が強く言いたいのは、「それは〝料理〟でもできますよ」ということです。

家庭料理には、瞑想、ヨガ、気功、催眠、自律訓練法、それらすべての本質が詰まっているのです。

料理を作りながら、快の感情を作って、幸せを作り出していく。

その人自身が、すごく幸せで、しかも善なる思いで、まわりの人たちを心から喜ばせようとする。

そんな境地にある〝いい人〟だけが、「おいしい」という感覚を超えて、食べる人の〝意思〟にエネルギーを送る、ごはんを作ることができます。

そして食べる人も、本当に幸せになれるのです。


料理から「本当の自分」を見つける。

ごはんに「運」を呼び込むために

34

いいことを積み重ねてみる。

ごはんに運を呼び込めるかどうかは、自分の持っているエネルギーで決まります。
エネルギーを増やすのに、近道はありません。
毎日少しずつ「いいこと」を積み重ねることです。

自分の成長、見返りのない援助にお金を使うこと。
自分から認められようとせず、注目されたら、喜びに換えず、感謝すること。
嫉妬《しっと》をせず、ただ愛すること。
なにをもって成功なのかを考えること。
所有物の上限を決め、不要なものを捨てること。
汚れているものを、きれいにすること。

正しいと思ったことを、勇気を出してやってみること。

積み重ねた「いいこと」は貯金のようなもので、病気、仕事、人間関係、あらゆる場面で運を開いてくれます。

ただ、使った分のエネルギーは、しっかりと消費されます。

どれだけエネルギーをためても、お金、物、恋愛、成功、なにもかも欲しがっているうちに、どんどん運を使い果たしてしまうのです。

しあわせには段階があるようで、上にあがるほど、そのしあわせは長く続きますが、そこへ至るには、それだけ多くのエネルギーを必要とします。

だから、ある程度の悟りを得た人は、世俗的な欲望を満たすために、エネルギーを使おうとはしません。

目先の欲望にエネルギーを消費すると、しあわせの全体量が目減りすることを理解しているからです。

もちろん、世俗的な欲望が悪いわけではありません。自分が得た分を、世のため、人のために、還元していけばいいのです。

日々、大事にため続けたエネルギーは、料理にこめられます。
そういうごはんが、食べた人のいのちを輝かせるのです。

いいことをして、いい人になれば
いい料理になっていく。

食べ方を変えれば、生き方が変わる。

なにかにつけて、がんばりすぎてしまう。

言いたいことを我慢《がまん》してしまう。

お金のことでつねに不安を感じ、将来のことを心配してしまう。

そんなふうに苦しんでいる人の多くは、どうしていいかわからず、いろんな人に答えを求めたり、買い物や飲酒でストレスを発散したり、見栄を張ってみたりして、日々をなんとか、やりすごそうとしているようです。


でも、本当はもっとシンプル。

食生活さえ変えれば、人は簡単にしあわせになれるからです。

ちゃんとした食べ物さえ食べていれば、自然に好きな人といようとしますし、好きな場所で、好きなことをやろうとしますし、いつも等身大の自分でいられます。

わざわざ見栄を張ったり、ストレスを発散するために、お金を使うこともしません。

〝ちゃんとした食べ物〟といっても、それは好きなものや、珍しいもの、高価なものばかりではありません。

たとえば、炊きたてのごはんと、お味噌汁と、お漬物だけの質素な食事でも十分です。せめて水と塩、砂糖、味噌、醤油だけでも、いいものをそろえて、思いっきり感謝して、心をこめて丁寧に料理する。

そうすれば、三ツ星レストランにも劣らぬほどおいしくて、食べただけでしあわせになるような、まさに「神様のごはん」になるのです。

古来、日本人が神道の教えを守り、続けてきたそんな当たり前のことを思い出してほしい……。そんな思いで、この本を書きました。

米を一粒、手のひらにのせると……。

太陽や雨、風の恵みが、心からありがたく感じられます。

苗作りから稲穂《いなほ》が実る日まで、強風の日も、夏の炎天下の日も、たゆまぬご苦労で気をかけ、目をかけ、時間をかけて、害虫や冷害や病気から守り育ててくれた、農家さんのお顔が、まぶたに浮かびます。

そうしてできあがった米を、額に汗を浮かべながら運んでくれた、運送屋さんのお顔が思い出されます。


米だけではありません。

小麦でも肉でも、卵、野菜、コーヒー豆、茶葉でも、どれもそう。

育てられてから、収穫されて、運ばれる。そのすべてにかかわる人や、自然やつながりを想像し、感じる。

もうそれだけで、あらためて、命を大切にしよう、人も大事にしよう、という思いが湧いてくることでしょう。

そうすると自分にとって、なにが本当に大切なのかに気づける。
身近な人を大切にできるようになる。
そのとき、神様がそっと力を貸してくださるのです。

付録

食卓を清める儀式

一、食卓から、食事と関係ないものをぜんぶ片付ける。

二、食卓を徹底的に水拭きする。

三、メインの明かり（特に蛍光灯）を消し、間接照明だけにする。

四、ろうそくを灯す。

五、食前の祈りを捧げる。

〈食前の祈り・一〉

天地の恵み　箸を高く捧げて　いただきます
（あまつちのめぐみ　はしをたかくささげて　いただきます）

〈食前の祈り・二〉

味つ物　百の木草も
天照　日の大神の　恵み得てこそ
いただきます
（たなつもの　もものきぐさも
あまてらす　ひのおおかみの　めぐみえてこそ
いただきます）

私の料理のゴール

私の人生の目的は、「無条件の愛」と「絶対的な幸福」を広めること。

そして、「無条件の愛」と「絶対的な幸福」を、世間の常識にすること。

本気で、そう思っています。

しかし、言葉にしてみると、あまりにも抽象的すぎて、絵空事《えそらごと》のように聞こえるでしょう。キリストやブッダじゃあるまいし……と鼻で笑われるかもしれませんね。

しかし、言わせてください。

だから、私はそうするのです。

そんなに偉くないからこそ、あえて、そう生きたいと思うのです。


そのへんにゴロゴロ転がっているのは、もっとお金がほしい、玉の輿《こし》にのりたい、カッコイイ人とつきあいたい、高級車にのりたい、もっといい家に住みたい、海外旅行に行きたい、など、どれも世俗的な欲望ばかり。

そんな幻の愛と幸福は、無条件の愛を込めて淹《い》れられた、たった一杯のお茶、もしくは絶対的な幸福の〝気〟を放った、たった一皿の料理の前で、粉々に砕け散ることでしょう。

私の場合は、それが塾の先生が握ってくれた、たった一個の〝塩おむすび〟でした。

個人的な願望があってもいいのですが、それよりも、人生の目的をどこに置くかが重要なのです。

本当にほしいもの、強く、太く、長く心に念じた〝真の願い〟は、誰がどう言おうと、なにをしようと必ず形になり、現象としてあらわれるもので、放っておいても、しぜんと叶っていきます。だから、わざわざ目的にする必要は、ないと思うのです。

キリストが無条件の愛を実現できたかどうかわかりませんし、ブッダが絶対的な幸福を得られたかどうかは知りません。

でも、たしかなことは、キリストもブッダも、お店はやってないし、毎日、おいしいごはんを作ってはいないということです。

だからこそ、私は、さまざまな料理を通して、出会う人たちに無条件の愛を実践し、絶対的な幸福の日々を送りたいと本気で思っています。

それが私のゴールです。

大阪府枚方市楠葉という小さな町で、
仲間とともに
「御食事ゆにわ」
「べじらーめんゆにわ」
「茶肆《ちゃし》ゆにわ」というお店を営んでいます。
よろしければぜひ一度、
私たちのごはんを食べにいらしてください。

御食事ゆにわ

http://uni-wa.com

べじらーめんゆにわ

http://vegewa.com

茶肆《ちゃし》ゆにわ

http://chashi-uniwa.com

ゆにわマート

http://gojigen.net

参考文献

『いま、栄養学が変わる』竹内進一郎　現代書林（2014）

『地球と人類を救うマクロビオティック―世界平和実現は食生活の改善から』久司道夫　たま出版／新版（2001）

『おにぎりの詩―母と子の温み』田村魚菜　日之出出版（1984）

『古くて新しい奇跡の言葉「いただきます」』木村まさ子　青春出版社（2010）

『面白いほどよくわかる神道のすべて―日常の暮らしに生きる神道の教えと行事（学校で教えない教科書）』菅田正昭　日本文芸社（2004）

『風水革命』松永修岳　BAB ジャパン出版局／新装改訂版（2003）

『風水アロマの超開運術―科学が立証した奇跡の香り！』松永修岳／藤田稔　BAB ジャパン出版局（2004）

『光の医学―光と色がもたらす癒しのメカニズム』
ジェイコブ・リバーマン（原著）／飯村大助（翻訳）　日本教文社（1996）

『そのサラダ油が脳と体を壊してる（百年賢脳・健康法 PART1）』山嶋哲盛　ダイナミックセラーズ出版（2014）

『ココナッツオイル健康法―病気にならない 太らない 奇跡の万能油』ブルース・ファイフ（著）／三木直子（翻訳）　WAVE 出版（2014）

『イヤシロチ―万物が蘇生する場所がある』船井幸雄　評言社（2004）

『万病を治す冷えとり健康法』進藤義晴　農山漁村文化協会（2000）

『生命の暗号』村上和雄　サンマーク文庫（2004）

『いのちのごはん』ちこ　青春出版社（2009）

『きずなのごはん』ちこ　青春出版社（2012）

竹内睦泰ブログ「日本歴史文化研究機構〈JCIA〉」
http://plaza.rakuten.co.jp/takeuchisukune/

プロフィール

ちこ

tico

開運料理人。

不幸のどん底だった17歳のときに北極老人と出会い“食を変えると人生が変わる”ことを悟得。声なき声を聞き、香りなき香りを聞く料理“ゆにわ流”を伝授される。

大阪府枚方《ひらかた》市《し》楠葉《くずは》に、自然食という枠を超えた「御食事ゆにわ」をオープン。飲食店としては異例の「食べたら運が良くなりました」という声が、全国から多数寄せられるようになった。現在は「御食事ゆにわ」「べじらーめんゆにわ」「茶肆《ちゃし》ゆにわ」を営みながら、「いのごはスクール」にてゆにわ流ライフスタイルを伝授している。著書に『いのちのごはん』『きずなのごはん』（ともに青春出版社）。また2015年には『人生が変わるごはんのひみつ（仮題）』（PHP研究所）を刊行予定。

運を呼び込む　神様ごはん

2015年1月1日初版発行
2015年2月20日第3刷発行

著者　ちこ

写真　望月研
イラスト　北村人
デザイン　井上新八

印刷・製本 中央精版印刷株式会社
発行者　鶴巻謙介
発行所　サンクチュアリ出版

〒151-0051　東京都渋谷区千駄ヶ谷2-38-1
TEL 03-5775-5192　FAX 03-5775-5193
http://www.sanctuarybooks.jp
info@sanctuarybooks.jp

ISBN978-4-8014-0010-8